马克思主义经典著作解读丛书

Makesi Zhuyi Jingdian Zhuzuo Jie

主编／王为全

马克思主义的百科全书

《反杜林论》

解　读

王洋洋 ◎ 编著

中国出版集团

现代出版社

图书在版编目（CIP）数据

马克思主义的百科全书：《反杜林论》解读／王洋洋编著. —北京：现代出版社，2016.1 （2025.1重印）

ISBN 978 – 7 – 5143 – 1576 – 9

Ⅰ．①马…　Ⅱ．①王…　Ⅲ．①《反杜林论》–恩格斯著作研究　Ⅳ．①A811.24

中国版本图书馆 CIP 数据核字（2014）第 106573 号

作　　　者	王洋洋
责任编辑	王敬一
出版发行	现代出版社
通讯地址	北京市安定门外安华里 504 号
邮政编码	100011
电　　　话	010 – 64267325 64245264（传真）
网　　　址	www.1980xd.com
电子邮箱	xiandai@ cnpitc.com.cn
印　　　刷	三河市嵩川印刷有限公司
开　　　本	700mm×1000mm　1/16
印　　　张	12
版　　　次	2016 年 1 月第 1 版　2025 年 1 月第 3 次印刷
书　　　号	ISBN 978 – 7 – 5143 – 1576 – 9
定　　　价	48.00 元

前　言

　　1876 年 9 月至 1878 年 6 月，恩格斯为了适应当时国际无产阶级革命和德国党内斗争的需要，写作了《反杜林论》一书。作为百科全书式的马克思主义著作，《反杜林论》在当今迅速发展的社会环境下，仍然具有深远的影响。本书主要是将《反杜林论》的基本思想和观点以通俗化的阐述，便于青少年读者更好地理解马克思主义的基本观点，在理论和实践结合上学习和掌握马克思主义，从而把马克思主义作为行动的指南。

　　杜林的思想体系是极为庞杂的。在哲学方面，他是一个不彻底的和形而上学的唯物主义者，甚至在许多重大的哲学问题上陷入唯心主义之中。他用唯心主义先验论建立了一个包含着终极真理的哲学体系，坚持形而上学的思维方式，反对辩证地考察事物，坚持唯心主义历史观，反对唯物史观。在政治经济学方面，他鼓吹资产阶级庸俗经济学，攻击马克思的剩余价值学说，并从道德出发割裂了生产和分配的关系，鼓吹反动的暴力论。在社会主义方面，他反对马克思主张的科学社会主义，主张未来社会不改变资本主义的生产方式，只对分配方式进行变革，用小资产阶级社会主义代替科学社会主义。

　　杜林的反动理论不仅使当时党的领导人和一般党员深信不疑，而且对广大群众的影响也很大，党内的机会主义思潮更加猖狂，给当时在思想基础和党内团结方面本来就不巩固的社会民主党带来了严峻的挑战，刚刚合并起来的党面临着再次分裂的危险。恩格斯为了捍卫科学的马克思主义，提高全党的理论水平，用正确的理论武装无产阶级，在马克思的支持下，开始批判杜林的错误思想，并写作了《反杜林论》一书。

恩格斯的《反杜林论》是一部论战性的著作，它把马克思主义与杜林主义对立起来，第一次从各个组成部分的内在联系上全面地概述了马克思主义的整个体系，是一部马克思主义的百科全书。《反杜林论》一书一共分为5部分：序言、引论、哲学、政治经济学和社会主义。在哲学方面，恩格斯提出并论证了马克思主义哲学的一系列基本原理：世界是物质的，世界的真正统一性在于它的物质性，运动是物质的存在方式，时间和空间是物质的存在形式，唯物辩证法的基本规律和范畴以及关于天体演化、平等、自由和必然的关系等等，而且比较集中地从哲学上概括了当时自然科学的新成果，揭示了无机界、有机界和生物界等各个领域的自然辩证过程。在经济学方面，恩格斯批判了杜林以唯心主义暴力论为基础的庸俗政治经济学，阐明了马克思主义政治经济学的对象、政治与经济的关系、生产、交换、分配、价值、简单劳动和复杂劳动、资本、剩余价值等理论。在社会主义方面，恩格斯论述了科学社会主义的历史和理论，高度评价了空想社会主义的理论贡献，探讨了从资本主义过渡到社会主义的一般规律以及社会主义社会的基本特征，特别是对未来社会的生产和分配、国家观、家庭观和教育观作了科学的构想。

"《反杜林论》的写作不仅是适应当时德国社会民主党党内斗争的需要，也是适应当时国际无产阶级运动的需要。为迎接未来斗争，国际无产阶级迫切地需要系统地掌握马克思主义理论体系，特别是它的哲学基础，以便从思想理论上清除机会主义的影响，使各国工人政党健康发展。"①

　　现在，我国进入了全面建设小康社会，加快推进社会主义现代化的新的发展阶段，青少年只有在思想上自觉地坚持以马克思主义为指导，确立马克思主义的坚定信念，才能肩负起时代赋予的历史使命和神圣职责；只有不断提高运用马克思主义的立场、观点和方法分析、解决问题的能力，才能辨别和抵制各种不良思想文化的影响；只有不断增强服务社会的本领，把马克思主义作为认识世界的理论武器，才能成为掌握新本领的时代先锋，成为合格的社会主义建设者和接班人。

---

① 孙正聿：《马克思主义哲学名著评析》，吉林大学出版社 1989 年版，第 247 页。

目　录

第一章 《反杜林论》的写作背景

第一节 写作背景

19 世纪 70 年代，西方主要国家的资产阶级革命已经结束，进入到"和平"发展时期，国际共产主义运动也进入了一个新的发展阶段。但"和平"时期的形势和特点，使机会主义得以泛滥，这突出表现在德国社会民主党中。当时，在德国同时存在着两个组织：一个是社会民主工党，又称爱森纳赫派，它接受马克思主义的指导，参加了第一国际，属于马克思主义的政治派别，执行马克思主义的革命路线；另一个是全德工人联合会，又称拉萨尔派，它以拉萨尔主义为指导思想，不参加第一国际，属于机会主义派别，执行的是右倾机会主义路线。爱森纳赫派为了适应无产阶级斗争的迫切需要，多次建议同拉萨尔派进行合并，都被拒绝。后来，拉萨尔派看到自己在政治和组织上濒临瓦解，才被迫同意与爱森纳赫派合并。两派联合建立了统一的德国社会民主党，这有利于无产阶级反对自己的共同敌人，因此，马克思和恩格斯对其寄予了很大的希望。但是，爱森纳赫派在合并后放弃了马克思主义的原则，向拉萨尔派的机会主义作了妥协和让步。这样，德国社会民主党就不是在马克思主义原则基础上的统一，也没有同各种反马克思主义的思潮和机会主义路线划清界限，党内两种思想的斗争和两条路线的斗争日益尖锐，党在组织成分和理论水平上都降低了，反对马克思主义的思潮更加泛滥，这时，杜林向马克思主义发起了全面的攻击。1876年9月至1878年6月，恩格斯为了适应当时国际无产阶级革命和德国党内斗争的需要，写作了《反杜林论》一书，以批判杜林的错误谬论。

针对杜林分子把恩格斯的《反杜林论》看作是"内心激动"的成果，恩格斯指出"恰恰相反"，并阐述了自己写作这部著作的真实目的：

首先，为了避免造成党内派别分裂和混乱局面。19世纪70年代，杜林宣布自己改信社会主义，并以社会主义行家和社会主义改革家自称。他先后写了《国民经济学和社会主义批判史》、《国民经济学和社会经济学教程，兼论财政政策的基本问题》和《哲学教程——严格科学的世界观和人生观》等著作，提出了一整套反动理论。当时的德国无产阶级组织刚刚实现了统一，爱森纳赫派和拉萨尔派合并组成了德国社会民主党，但由于爱森纳赫派放弃了马克思主义的指导，因此，统一的组织充满着拉萨尔主义的观点，机会主义思潮泛滥。这样，德国工人阶级组织的统一，不但没有使马克思主义思潮和机会主义路线划清界限，反而使两种思想和两条路线的对立更加尖锐，反马克思主义的思潮更加泛滥。存在着分歧的德国社会民主党，在组织和理论水平上降低了。为了避免党内的派别分裂和混乱局面，恩格斯需要对杜林的错误观点进行全面的批判，并阐述马克思主义的基本原理，与反马克思主义的各种错误思潮划清界限，保持党内的统一和稳定。

其次，为了消除杜林在党内外的影响。爱森纳赫派的领导人李卜克内西和倍倍尔等人在接触到杜林的思想后，没有认清楚他的理论中包含的反动本质，因此对杜林表现出极大的信任和支持；伯恩斯坦等机会主义者也十分推崇杜林的著作，并在德国社会主义工人党内形成了推崇杜林的宗派集团，以通俗的形式在工人中散布杜林的学说；与此同时，德国社会主义工人党的机关报《人民国家报》上发表了多篇宣传杜林思想的文章，企图在工人中培养杜林的信徒。恩格斯考虑到杜林主义在党内外造成的严重影响，为了避免杜林的反动社会主义把德国社会主义工人党和工人运动引入歧途，也为了消除杜林的影响，提高党员和工人群众的理论水平，保证党组织的团结，马克思对杜林的错误观点进行了系统全面的批判。

最后，为了满足马克思主义的党员和群众的强烈要求。认清杜林理论本质的李卜克内西等人，再三请求恩格斯能在《人民国家报》上批判地阐明杜林的社会主义理论，消除杜林对党内外群众的腐蚀。于是，恩格斯在1877年至1878年的前进报上分篇刊登了对杜林思想的批判，并于1878年整理成《反杜林论》一书。

第二节 写作过程

一、《反杜林论》创作思路

《反杜林论》是恩格斯写于1876年5月底至1878年7月，在这篇著作中恩格斯系统论述了辩证唯物主义和历史唯物主义、政治经济学和科学社会主义理论，是恩格斯批判德国小资产阶级社会主义者杜林的斗争中所写的论战性著作。用德文写于 1876 年 5 月至 1878 年 7 月，原名《欧根·杜林先生在科学中实行的变革》。1877 年 1 月 3 日至 1878 年 7 月 7 日以论文形式陆续发表在德国社会民主党中央机关报《前进报》及其副刊上。1878 年 7 月在莱比锡出了单行本第一版，书名为《欧根·杜林先生在科学中实行的变革·哲学·政治经济学·社会主义》。《反杜林论》的成书经历过再版和修订。

马克思支持和赞助了恩格斯批判杜林的斗争。他不仅听恩格斯念过《反杜林论》的全稿，还亲自为该书撰写了政治经济学编中《〈批判史〉论述》一章。

该书阐述了科学社会主义产生的历史过程，指出唯物辩证法使马克思作出了唯物史观和剩余价值学说这两大发现，而两大发现又使社会主义学说从空想变成了科学。该书批判了杜林在科学分类问题上的先验主义观点，阐述了"世界的真正的统一性是在于它的物质性"等唯物主义的基本原理；批判了杜林在物质存在形式问题上的形而上学观点。该书还批判了杜林的庸俗经济学和小资产阶级的社会主义观点及其唯心主义暴力论。阐明了经济决定政治、历史发展中革命暴力的作用和马克思主义政治经济学、科学社会主义等基本理论。

在恩格斯创作《反杜林论》时，党内的杜林分子攻击恩格斯把《反杜林论》写得过于详细。对此，恩格斯阐述了他的 3 点理由和创作思路：

首先，是由对象本身的性质决定的。杜林的社会主义理论是建立在他的哲学体系基础上的，因此研究这一理论必须联系整个体系。而且，尽管这个体系包含的科学内容极其贫乏，但它涉及的领域非常广，不仅包含客观世界的所有事物，而且还有思想领域的内容。也就是说，恩格斯在对杜林进行批判时，不仅要形成理论体系，而且要涉及到各个方面的科学知识。因此，《反杜林论》自然就是比较详细的。

其次，是在批判杜林错误观点时论证马克思主义基本观点的需要。《反杜林论》的发表，是第一次从马克思主义各个组成部分的内在联系上全面完整地论述马克思主义的整个体系，是马克思主义的百科全书。因此，《反杜林论》不仅是对杜林理论体系的批判，更重要的是通过批判进一步论证和发展马克思主义，指导工人运动和革命斗争。所以，恩格斯强调他并不是为了建立一个无所不包的体系与杜林的体系直接对立，而是希望读者不要忽视他所提出的各种见解之间的联系。

最后，是批判当时德国普遍存在"创造体系"的幼稚病的需要。当时的德国，知识分子撰写自己不曾研究过的东西，被当作科学上的自由，而且是唯一严格的科学方法，杜林只是其中一个代表。不管是哲学博士还是大学生，他们对天体演化论、自然哲学、政治学、经济学等等领域的研究都是创造一个个完整的"体系"。而且，当杜林的理论体系出现后，出现了很多关于社会主义的高超胡说。恩格斯把《反杜林论》写得如此详细也是为了克服德国这种普遍存在的幼稚病。

解释完写作目的与写作详尽的原因，恩格斯还做了两点补充。其一，著作中关于法学和自然科学的问题，他只是以涉猎者的资格举出正确的、无可争辩的事实去反驳杜林谬误的或歪曲的断言；在自然科学领域的问题上，恩格斯指出他和自然科学家们超出他们的专业范围一样，只是一个"半通"。所以，希望读者能够谅解他表达上的不确切之处和笨拙之处。其二，当恩格斯写作《反杜林论》时，杜林又有新的著作出版，因此恩格斯指出，即使没有看到著作也可以预言到杜林在新著作中的观点，并且用《反杜林论》中的观点就可以对其批判，所以没有必要再另外进行批判。

二、《反杜林论》与第二版的修订

首先，恩格斯指明新版本未作修改的两点原因：其一，马克思去世后，恩格斯担负着整理《资本论》第二卷和第三卷的重任，这比一切事情都重要，因此没有时间对《反杜林论》的第一版作修改；其二，《反杜林论》是一部论战性的著作，即使再版，恩格斯也只有反驳杜林答词的权利，杜林不作修改，恩格斯也理应不作任何修改。

其次，恩格斯说明对第三编第二章《理论》作出解释性增补的两点原因：其一，第三编第二章涉及的只是恩格斯所主张的观点中一个核心问题的表述，增补的目的是为了使内容更加通俗和完整，并不是针对杜林的错误观点提出新的反驳；其二，拉法格把《反杜林论》的三章编成《空想社会主义和科学社会主义》，并在不同国家出版。那时，恩格斯就已经对《理论》作了增补，因此，新版《反杜林论》如果还刊行原来的版本就迂腐了。

最后，恩格斯还指出了应该修改但没有修改的两个方面：其一，在《反杜林论》中，并没有关于人类原始史的科学阐述，但在《家庭、私有制和国家的起源》中恩格斯运用了《反杜林论》出版后所能获得的有关资料，所以并没有在新一版中对此内容作出修改；其二，在第一版的《反杜林论》中，关于唯物主义自然观的叙述是极其笨拙的，但由于是论战性的著作，所以也没有权利加以修改，只能在序言中对这一部分作进一步的阐述：

首先，辩证唯物主义自然观的发展需要具备数学和自然科学知识。恩格斯指出，他和马克思是从德国唯心主义哲学中拯救了自觉的辩证法，并把它转为唯物主义自然观和历史观的第一人。同时，确立辩证唯物主义自然观，需要具备数学和自然科学的知识。当写作《反杜林论》时，马克思精通数学，对自然科学却只是零星的研究，而恩格斯正处于脱毛过程的中间，因此对自然科学的阐述是非常笨拙的，也正是由于没有把握，所以恩格斯只是叙述了当时公认的理论和事实。

其次，辩证唯物主义自然观的发展需要扬弃黑格尔的唯心主义辩证法。自然哲学中的辩证规律最初是由黑格尔全面地、神秘地阐述的，但是由于它不承认自然界有任何时间上的发展，没有"前后"，只有"同时"，因此，把历史的不断发展仅仅归于"精神"。恩格斯指出："在自然界里，同样的辩证法的运动规律在无数错综复杂的变化中发生作用，正像在历史上这些规律支配着似乎是偶然的事变一样；这些规律也同样地贯穿于人类思维的发展史中，它们逐渐被思维着的人所意识到"①，而且，不是辩证法的规律从外部注入自然界、人类社会和人的思维，而是从这些客观世界中找出辩证规律并从客观世界出发加以阐述。

最后，自然科学的发展为辩证唯物主义自然观的产生提供了自然科学基础。恩格斯指出，仅仅把自然科学中大量积累的、纯粹经验主义的发现予以系统化，就会发生自然科学革命。这场革命会使人们意识到自然过程的辩证性质，因此，像旧的对立那种不可逾越的分界线正在日益消失。而且恩格斯还运用能量守恒和转化定律、细胞学说和进化论这自然科学的三大发现，详细阐述了自然科学的辩证发展过程：

其一，能量守恒和转化定律。人们起初只是提出运动守恒定律，认为运动不生不灭，运动量是不发生变化的。但是，当运动从一种形式转变为另一种形式时，总能量虽然不变，但物质不同的运动形式所包含的能量发生了转化，例如，从机械力转变为热能、电能等等，因此运动守恒发展成为能量守恒和转化定律，使辩证法思想得到更广泛

---

① 恩格斯：《反杜林论》，人民出版社 1970 年版，第 9 页。

的应用，并且批判了"力"可以脱离物质而独立存在的错误观念。恩格斯指出："如果说，新发现的、伟大的运动基本规律，十年前还仅仅概括为能量守恒定律，仅仅概括为运动不生不灭这种表述，就是说，仅仅从量的方面概括它，那末，这种狭隘的、消极的表述日益被那种关于能的转化的积极的表述所代替，在这里过程的质的内容第一次获得了自己的权利，对世外造物主的最后记忆也消除了"。[①]

其二，生物进化论。人们一开始通过明确的分界线将有机界划分为不同的类别，这种做法一直持续到达尔文提出生命进化论。进化论证明，动物和植物之间没有严格的界限，它们不是永远不变的，而是相互联系的变化发展着，是受自然界的发展规律支配的。而且，随着生物学的发展，有机界无法分类的中间环节越来越多，过去严格的划分界限也丧失了绝对效力。例如，存在着孵卵的哺乳动物和能用四肢行走的鸟。生物学的发展是对"物种不变"的形而上学观点的批判，证明了辩证法在生物学上的应用。

其三，细胞学说。人们首先发现植物是由细胞构成的，每种植物都是细胞的联合体。后来这种观点推广到动物界。细胞学说的发现使原本孤立存在的动物和植物通过细胞相联系，是辩证法在生物学上的又一体现。

综上所述，恩格斯认为：过去旧的自然科学存在着不可调和的和不能解决的两极对立，使现代的自然观存在着狭隘的形而上学性质，人们只有把这种绝对对立转变成相对意义上的对立，才能将辩证的思想引入自然观，了解自然界存在的辩证性质。现代自然科学的发展为马克思主义哲学的产生提供了自然科学基础，而且自然科学只有在马克思主义哲学的指导下，才能沿着正确的方向发展。

---

① 恩格斯：《反杜林论》，人民出版社1970年版，第11页。

三、《反杜林论》与第三版的修订

恩格斯在第二版的基础上对马克思所写的第二编第十章《〈批判史〉论述》进行了增补。当时由于受到篇幅的限制，所以恩格斯在《前进报》上发表的是对马克思手稿删减后的部分。而现在，恩格斯发现删减的部分包含着对经济学史独到的阐述，这些阐述所包含的意义比仅仅针对杜林的批判更加重大和深远。所以，恩格斯又逐字逐句地增补了两部分：一是关于配第、诺思、洛克和休谟等人在古典经济学产生过程中所起的作用；二是魁奈的《经济表》。与此同时，在不影响上下文的前提下，恩格斯还把涉及到杜林著作的部分进行了删减。

恩格斯指出，《反杜林论》第二版出版后，书中的观点在一切文明国家传播，并且深入到科学界和工人阶级的意识中，有利于马克思主义的发展以及国际工人运动的开展。

第三节 全书概览

在整个《反杜林论》中，恩格斯的主要目的是从3个方面论证社会主义从空想变成科学的历史必然性，即空想社会主义是科学社会主义的理论来源；辩证唯物主义的创立是社会主义由空想变成科学的理论前提；唯物史观和剩余价值学说的创立，使社会主义从空想变成科学。

一、空想社会主义是科学社会主义的理论来源

18 世纪法国启蒙思想家在大革命爆发前把理性当作一切现存事物的唯一的裁判者。面对封建社会存在的各种迷信、偏私、特权和压迫，思想家们要求建立理性的国家、理性的社会，要求铲除一切和永恒理性相矛盾的内容，而永恒的理性实际上是发展成为资产者的中等市民的理想化的悟性。大革命爆发后，资本主义制度在世界范围内建立。但是，新建立起来的国家和社会却并不像思想家们预想的那样：理性的国家只是资产阶级理想化的王国；永恒的正义只有在资产阶级的司法中才能实现；平等仅仅表现为法律面前的资产阶级的平等……

理性的国家在实践中表现为资产阶级的民主共和国，国家成了资产阶级对无产阶级进行阶级统治的工具。资产阶级的残酷剥削和压迫使无产阶级不断地起来进行反抗，甚至于发生过反对资产阶级的革命武装起义。例如，德国宗教改革和农民战争时期的托马斯·闵采尔派，英国大革命时期的平等派，法国大革命时期的巴贝夫，与这些不成熟的革命武装起义相适应，在 16 和 17 世纪产生了空想共产主义的思想，在 18 世纪也已经有直接共产主义的理论。当时，在封建贵族和市民等级之间、有产者和无产者之间、资产阶级和雇佣工人之间的对立，使得资产阶级可以标榜自己不是某一个特殊阶级的代表，而是整个受苦人类的代表。随着社会的发展特别是大工业的发展，资产阶级和无产阶级的矛盾更加尖锐，资本主义社会的基本矛盾不断暴露，与这种不成熟的资本主义阶级状况和不成熟的生产状况相适应，19 世纪初以圣西门、傅立叶和欧文为代表的空想社会主义产生了。

19 世纪初的三大空想社会主义者并不仅仅是无产阶级的代表，他们的目的是建立理性和永恒正义的王国，解放全人类。这里的理性和

永恒正义的王国与法国启蒙思想家所说的不同，按照法国启蒙思想家的原则建立起来的资本主义社会也是不合乎理性和不正义的，所以也应该像封建制度和以往的社会制度一样被抛到垃圾堆里去。他们认为，真正的理性和正义没有统治世界，是因为它们没有被人们正确地认识。所缺少的仅仅是个别的天才人物，现在这种人物已经出现而且已经认识到了真理；至于天才人物是现在出现，真理是在现在被认识到，这并不是历史发展进程所必然产生的、不可避免的事情，而纯粹是一种偶然的现象。这样，他们把天才人物的出现和真理被发现，看成是一种纯粹偶然的现象，否认了社会历史发展的必然性。而且，绝对的真理、理性和正义在每个学派的创始人那里看来是各不相同的，解决各种绝对真理冲突的办法只能是它们互相磨损，由此只能得到一种不伦不类的社会主义。这是空想社会主义的弊端，而为了使社会主义变成科学，就必须首先把它置于现实的基础之上，用唯物史观代替唯心史观，使社会主义从空想中摆脱出来。

二、唯物辩证法的产生是社会主义由空想变成科学的理论前提

"唯物主义历史观及其在现代的无产阶级和资产阶级之间的阶级斗争上的特别应用，只有借助于辩证法才有可能"①，因此，恩格斯又对辩证法和形而上学两种思维方式进行了详细的分析：

首先，辩证的思维方式。人们在思考自然界、人类社会和精神活动时，会发现整个世界是一个普遍联系和永恒发展的整体，没有任何东西处于绝对静止和不变中，而是都在运动、变化、产生和消失。古

---

① 《马克思恩格斯选集》第 3 卷，人民出版社 1972 年版，第 377～378 页。

希腊的赫拉克利特提出：一切都是存在的，但同时又是不存在的，因为一切都在流动和变化，不断地产生和消失。这种朴素的世界观就是古希腊哲学正确的世界观。这种观点虽然是正确的，但是它不能说明世界的各个组成部分的状态和各种细节，因此，我们还要把它们从自然界和历史联系中抽取出来，并分别对它们的特性、它们的特殊原因和结果等方面进行分析和研究。通过这种自然科学和历史的研究方法，我们就得出了它们各自具有的运动、变化和发展，但是，这种做法容易把事物和过程孤立起来，忽略事物之间的联系和相互关系，把本质上的东西当作永恒不变的东西，长久这样下去就会陷入形而上学的思维方式。

其次，形而上学的思维方式。形而上学用孤立、静止和片面的观点看问题，因此它认为事物及其在思想上的反映是孤立的、静止的，应该逐个地和分别地对其进行分析和研究。而且，形而上学的思维方式在相当广泛的领域内似乎是正当的和必要的，合乎我们所谓的常识。例如，好和坏的对立，对和错的对立，正和负的对立、真和假的对立等等。但是只要稍加分析就会发现，它每一次都迟早要达到一个界限，超过这个界限这种观点就会变成片面的、狭隘的和抽象的，并且陷入不可解决的矛盾。例如，我们在日常生活中，可以很肯定地判断某种生物是存在还是不存在，可同样的事情却让法学家们犯难，他们无法确切地判断在子宫内杀死胎儿是否算是谋杀的合理界限，因为根据生理学的观点，死亡并不是一瞬间发生的，而是经历了一个过程。任何有机体由于新陈代谢的作用，每一刻既从外界吸收物质能量，又同时排泄身体产生的废物；每一时刻既有细胞的死亡，又有新细胞的产生；经过一段时间的这种更替之后，有机体内部原来的物质就被完全更新了，这种有机体就变成了一种新的有机体。因此，一事物在一瞬间既是它本身又是他物；正和负是相互对立的，但又是相互渗透不可分离的；对和错是相互排斥的，但是它们也是相互联系而存在的，没有对的概念，也就无所谓错，每一次由错变成对，都意味着错误被正确所批驳和反对；原因和结果处于事物发展过程的两端，但它们并不是孤立存在的，一事物的结果是另一事物的原因，事物始终处于这种交互作用中。

世界上一切事物的变化和发展说明了辩证思维方法是正确的，它坚持用联系的、发展的观点看世界，认为发展的根本原因在于事物的内部矛盾。而形而上学思维方法用孤立、静止的观点看问题，否认事物内部矛盾的存在和作用。自然界是检验辩证法的试金石，而且自然科学的发展为这种检验提供了极其丰富和与日俱增的材料，并不断地证明着自然界的一切都是辩证地而不是形而上学地发展着。因此，人们对自然界、人类社会和人的思维方式进行研究时，只有用辩证的思维方法才能得出事物产生和消失之间、前进的变化和后退的变化之间的普遍相互作用以及不同事物之间的相互关系。牛顿认为太阳系经过第一次推动之后就永远稳定地存在着，康德则把整个太阳系看作一个由自己产生、发展、并最终不可避免地走向灭亡的历史过程，这是对太阳系的研究采用的两种不同思维方式，经过半个世纪的发展，康德辩证法的研究结果由拉普拉斯在数学上作出证明，而且分光镜也证明了在宇宙空间存在着凝聚程度不同的炽热的气团。

由康德开始的近代德国哲学在黑格尔的体系中达到了巅峰，黑格尔的巨大功绩是：他首次把整个自然的、历史的和精神的世界描写为一个过程，即把它描写成处在不断的运动、变化和发展中，并试图揭示这种运动和发展的内在联系。他的划时代的功绩在于提出这个问题，至于有没有解决这个任务则是无关紧要的，而且由于历史局限性，仅靠个人的能力是根本解决不了的。即使像黑格尔和圣西门这种在当时最博学的人，也摆脱不了种种局限：首先是受到自己有限的知识的限制；其次是受到自己所处的整个时代的认识深度和广度的限制；最后是受到唯心主义思想的限制。黑格尔作为唯心主义者，他认为头脑中的思想不是对现实的事物和过程的反映，这些思想观念在事物及其发展之前就是存在着的，从而把整个世界头足倒置，现实的联系也被完全颠倒了。这是黑格尔体系一次巨大的流产，它自身包含着无可救药的内在矛盾：一方面，他坚持用辩证法来考察人类世界，认为它是一个发展的过程，这个过程按其本性来说不能通过发现永恒真理达到对它的彻底认识；另一方面，他认为人们的思想认识先于客观世界而存在，因此可以通过绝对的真理彻底地认识整个世界。

德国唯心主义辩证法的自身矛盾推动着唯物辩证法的产生，唯物辩证法在继承唯心主义辩证的基础上对它进行了发展：唯物辩证法的产生引起了历史观的变革，18 世纪的机械的、形而上学的唯物主义用主观的道德标准评价历史，企图抛弃以往的全部历史，而唯物辩证法把人类历史看作一个从低级到高级不断发展的过程，而且在发展过程中研究人类历史的运动规律；唯物辩证法的产生也引起了自然观的变革，黑格尔体系中占统治地位的自然观，是把自然界当作一个在狭小的循环中运动的、永远不变的整体。现代唯物主义认为自然界和处在自然界中的有机体一样，也有自己时间上的历史，始终处于不断地运动、变化和发展中，而且在它循环发展过程中也具有无限加大的规模。唯物辩证法推动着历史观和自然观的发展，它在本质上是辩证的，是不再需要凌驾于其他科学之上的哲学，标志着"科学之科学"的旧哲学的终结，是社会主义从空想到科学的理论前提。

三、唯物史观和剩余价值理论的创立，使社会主义从空想变成科学

随着资本主义的发展，资产阶级和无产阶级之间的矛盾斗争越来

越激烈，法国里昂工人起义，英国宪章运动，德国西里西亚纺织工人起义，显示了工人阶级在政治斗争上的威力，标志着无产阶级作为一支独立的政治力量已经登上了历史舞台。但是，旧的唯心主义历史观并没有看到这种阶级斗争是基于一定的经济关系，因此只是把它当作"文化史"的从属因素。人们对以往的全部历史过程进行分析发现，以往的历史除去原始社会都是阶级斗争的历史，这些互相斗争的阶级都是所处时代经济关系的产物。每一时代的社会经济结构形成现实基础，每一历史时期的法律设施和政治设施以及道德、艺术、宗教和哲学构成上层建筑，所有这些都是以经济为基础的，这样，唯心主义历史观就被唯物主义历史观替代，它主张用人们的存在说明人们的意识而不是用意识说明存在，社会存在是社会意识内容的客观来源，社会意识是人们社会交往的产物，随着社会存在的发展，社会意识也相应地或迟或早地发生变化和发展。

马克思和恩格斯创立了唯物史观后将它运用到研究资产阶级和无产阶级的经济关系中，并发现了剩余价值。唯物史观主张事物始终处于一定的运动、变化和发展中，都要经历产生、发展和消亡。在资本主义社会中，劳动力成为商品，货币转化为资本，货币所有者购买到劳动力商品后，在消费它的过程中，不仅能够收回他在购买这种商品时支付的价值，还能得到一个增殖的价值即剩会价值。剩余价值是雇佣工人所创造的并被资本家无偿占有的超过劳动力价值的那部分价值，它是雇佣工人剩余劳动的凝结，体现了资本家和雇佣工人之间的剥削和被剥削关系。而且，资本家为了掩饰对工人的剥削，不把剩余价值看作可变资本的产物，而是把它看作全部垫付资本的产物或增加额，这样剩余价值就取得了利润的形式。资本家不断地利用无偿占有的工人创造的剩余价值来扩大自己的资本规模，进一步扩大和加强对工人的剥削和统治。因此，资产阶级和无产阶级的矛盾是对抗性的矛盾，是不可调和的，必须通过革命的手段，推翻资产阶级的反动统治。

这样，唯物史观和剩余价值学说的创立，标志着社会主义从空想变成科学。它揭示了人类历史发展的规律和资本主义剥削的秘密，指明了无产阶级的历史使命，把争取无产阶级和全人类解放的斗争建立在社会发展客观规律的基础上，超越了空想社会主义。1848 年《共产党宣言》的发表，标志着科学社会主义的诞生，它作为无产阶级解放斗争的思想武器，揭开了无产阶级社会主义革命的新篇章。

马克思和恩格斯运用辩证唯物主义研究社会历史发展，实现了自然观和历史观的伟大变革，创立了历史唯物主义；从辩证唯物主义和历史唯物主义出发，研究了资本主义社会的生产关系，产生了马克思主义政治经济学；研究资本主义过程中发现了剩余价值的存在，揭露了资本主义剥削的秘密，从而得出资本主义必然灭亡和社会主义必然胜利的结论。因此，马克思主义是 3 个部分紧密联系的完整科学的思想体系。而欧根·杜林宣告的他在哲学、政治经济学和社会主义中实行的全面"改革"，只能是走向马克思主义科学体系的反面。

第四节　批判杜林

在《反杜林论》中，恩格斯通过引用杜林著作中的原话，揭露了杜林的自我吹嘘、对先驱者的蔑视以及对他之前的历史发展的否定。

一、揭露杜林的自我吹嘘

杜林自以为对马克思主义的哲学、政治经济学和社会主义进行了比较全面的改革，所以在他的著作中到处吹嘘自己，主要表现在以下3个方面：

首先，哲学方面。杜林宣布自己是"要求在当代和最近可以见到的发展中代表这一力量（哲学）的人"①，他把自己当成了现代的和可以见到的未来的真正哲学家，换句话说，谁不同意他的观点，就是不同意真理。杜林说他的真理是"最后的、终极的真理"，他的哲学是"自然体系或现实哲学"，而且这种哲学可以超越主观局限性。如果杜林能够确立最后的、终极的真理，那么哲学就真正能够超越主观的局限性，但是我们到现在还不了解这个奇迹怎样才能实现。事实上，由于人们的认识必定会受到主客观条件的限制，所以，这个奇迹是不可能实现的。除此之外，杜林还吹嘘他的哲学解释了外部自然和内部自然的一切天和地，它通过一种"新的思维方式"确立了真理。

其次，经济学方面。杜林鼓吹自己在政治经济学的历史方面和体系方面提供了"渊博的著作"，特别是历史著作，由于"伟大风格的历史记述"而表现得更加卓越。他的经济学还实现了经济学上的"创造性的转变"，但经过分析我们了解到杜林的创造性转变指的是向庸俗政治经济学的转变。

最后，社会主义方面。杜林已经完全制订好了关于未来社会的社会主义规划，并把它称为"清晰的和穷根究底的理论的实际成果"，恩格斯讽刺杜林的这个规划和他的哲学一样，是没有谬误的和唯一能够使人们进入天国的。杜林在《国民经济学和社会经济学教程》中还构建了社会主义的结构，并指出真正的所有财产可以代替幻想的、暂时的或基于暴力的所有制。杜林从历史唯心主义出发，认为私有制是以暴力为基础的，从道德上来看这是不正义的，因此只能短暂存在，

---

① 恩格斯：《反杜林论》，人民出版社1970年版，第25页。

必须在保留资本主义生产方式的前提下对资本主义的分配方式进行改革。恩格斯从历史唯物主义出发，阐明不是暴力决定私有制，而是经济决定政治，因此要想改变资本主义的分配方式必须先对其生产方式进行彻底的变革。

二、批判杜林对先驱者的蔑视和以前历史的否定

杜林进行自我吹嘘，并把自己的观点当作是最后的、终极的真理，因此他对在他之前的历史持全盘否定的态度，而且除了少数几个先驱者得到赦免外，其他人全部都被当作陷入迷途和不科学的人，并分别对他们进行了批判。

首先，对哲学家的否定。杜林主要针对德国的哲学家进行批判，认为莱布尼茨"缺乏任何优良操守"；康德是"一塌糊涂"；费希特和谢林的哲学观点是"谬论和既轻率又无聊的蠢话"；黑格尔的观点是"热昏的胡话"，黑格尔用自己不科学的方法传播着"黑格尔瘟疫"。但正是这些哲学家对哲学和自然科学的发展做出了巨大的贡献。莱布尼茨不仅是数学微积分的创始人之一，而且他的哲学思想中也包含着辩证法的合理因素；费希特虽然是唯心主义者，但他却强调要发挥人的主观能动性，也包含着辩证法思想；谢林在思维和存在的统一性问题上也包含着辩证法思想；黑格尔是唯心辩证法的集大成者，他使人们摆脱形而上学思维方式的束缚，开始辩证地思考问题。杜林对他们采取全盘否定的态度，实际上暴露了他对辩证法的否定，在对待问题上坚持形而上学的思维方法。

其次，对自然科学家的否定。杜林批判达尔文的观点具有"肉欲狭隘性和辨别力的迟钝""只是一种与人性对抗的兽性"。达尔文通过生存斗争和自然选择的学说，创立了生物进化论，进而揭示了生物界

的辩证发展的历史过程，恩格斯把细胞学说、能量守恒和转化定律以及生物进化论称为自然科学的三大发现，为马克思主义辩证自然观的形成提供了理论前提。杜林对达尔文的蔑视和批判反倒暴露了他在自然观问题上的错误观点。

最后，对空想社会主义者的批判。杜林称三大空想社会主义者为"社会炼金术士"，他认为圣西门的观点由于受到宗教的影响，因此仅仅责备为"过分夸张"；歪曲傅立叶的观点是"只能到疯人院里去找的观念""最荒唐的梦幻""神经错乱的产物"，污蔑傅立叶是"笨得无法形容""幼稚的头脑""白痴""怪物"；欧文的观点是"贫乏的""粗糙的""荒唐的老生常谈"。三大空想社会主义者看到了资本主义社会中资产阶级对无产阶级的剥削和压迫，而且资本主义社会个别企业生产的有组织性和整个社会生产的无政府状态之间的矛盾加剧着这种剥削。因此，他们在理论上对社会制度进行分析并主张对资本主义生产方式进行彻底的变革，但杜林主张在未来社会中不改变资本主义的生产方式，为资产阶级的统治作辩护。

第二章 解读马克思主义哲学观

第一节 对先验主义的批判

在《反杜林论》一书中，恩格斯首先批判了杜林的唯心主义先验论，论述了辩证唯物主义认识论；批判杜林在数学问题上的先验主义，进一步阐明了辩证唯物主义反映论的基本原理。

一、批判杜林"原则在前"的唯心主义先验论，论述唯物主义认识论的基本原理

要批判一个人的思想必须首先对这个人的思想有全面系统的了解，因此，恩格斯在这一章开始几乎完全是逐字逐句地引述了杜林在《哲学教程》的《导言》部分中对哲学的定义、哲学对象以及哲学体系的看法。杜林认为："哲学是世界和生活的意识的最高形式的发展，而在更广的意义上说来，还包括一切知识和意志的原则。"[①] 哲学的对

---

① 恩格斯：《反杜林论》，人民出版社 1970 年版，第 31 页。

象除了这种"哲学原则"即存在的基本形式之外，还包括自然界和人类世界，而且正是由于哲学原则走在前面，所以自然界和人类世界都要与之相适应才能被研究。杜林根据哲学的对象"自然而然地"将哲学分为3个部分：一般的世界模式论、关于自然界的学说以及关于人的学说。

　　哲学的基本问题是物质和意识的关系问题，对这个问题的不同回答产生了唯物主义和唯心主义的分歧。杜林把"原则"作为哲学的主要研究对象，这里的"原则"不是某一系列知识和某一事物的开端，而是构成各种各样的知识和意志的一种终极成分，这跟我们一般意义上把原子看成是构成事物的终极成分类似，但二者又有根本区别：原子属于物质范畴是从外部世界得来的，而"原则"属于意识范畴是从思维而不是外部世界得来的。这体现了哲学上两种认识路线的对立，杜林把"原则"看作研究的出发点，在世界形成之前它就永恒地存在，因此自然界和人类社会要去适应这种"原则"，这很明显地陷入了唯心主义先验论。恩格斯针对这种错误的观点指出，"原则"是研究的最终结果，是从自然界和人类历史中抽象出来的，因此要与它们相适应，这不仅阐述了"原则"同客观世界的真实联系，而且对马克思主义的唯物主义认识论路线进行了科学的表述。

　　而且，杜林在哲学问题上坚持形而上学，与马克思主义认识论中的辩证法相矛盾。他曾指出"如果想给意识和知识的基本形式以'人间的'称呼，借以排除或者哪怕只是怀疑它们的至上的意义和它们的无条件的真理权，那末这就贬低了这些基本形式"①。这里的"至上的意义"和"无条件的真理权"把杜林推上了形而上学的道路。马克思主义认为真理是人们对客观事物及其规律的正确认识，是主观形式和

————————

① 恩格斯：《反杜林论》，人民出版社1970年版，第33页。

客观内容的统一。真理具有相对性即指真理的有条件性、有限性：一是由于真理所反映的对象是有条件的、有限的；二是由于主客观条件的限制，真理反映客观对象的正确程度是有条件的、有限的。同时真理又具有绝对性，即指真理的无条件性、无限性，但此处的无条件性和杜林的"无条件的真理权"还有严格的区别：首先，任何真理都必然包含着同客观对象相符合的客观内容，都同谬误有严格的界限，都不能被推翻。这一点中两者的区别很容易就被发现，杜林认为"原则"是先于客观对象而存在的，它根本就不是对客观事物的反映；其次，人类认识按其本性来说，能够正确认识无限发展着的物质世界，认识每前进一步，都是对无限发展着的物质世界的接近，这一点也是绝对的、无条件的。在关于这一点的对立中，杜林除去坚持错误的先验论，更是将真理看作永恒的概念，是孤立存在的，即使物质世界再怎么发展也不会左右"原则"，从而陷入形而上学的错误。

杜林对待他的先驱者一般会采用极其蔑视的态度，例如：在谈论黑格尔时他曾说"一个叫做黑格尔的人"总其成的"热昏的胡话"。但是，恩格斯指出杜林对哲学体系"自然而然的"分类与黑格尔《哲学全书》的3个组成部分惊人的相似：哲学原则的存在先于自然界和人类社会相似于绝对精神的存在，关于自然原则的学说相似于自然哲学，关于人的学说相似于精神哲学。而且反映他们哲学基本观点的3部分的排列顺序也是极其相似的。因此恩格斯讽刺杜林对黑格尔的抄袭使黑格尔派永世流芳的人对杜林感激涕零。

此外，恩格斯还指出，杜林把思维当作一个超出"人间的"称呼，无非是为了使它脱离自身产生的基础，即脱离人和自然界，把哲学的基础从现实世界转向思想的世界，成为独立存在的东西，从而以意识为基础构建他先验主义的哲学体系。

二、批判杜林在数学问题上的先验论，进一步论述唯物主义反映论

杜林认为全部纯数学也是先验的，在纯数学中，悟性处理的是它自己的自由创造物和想象物，数和形的概念是可以通过数学本身创造的对象，所以数学具有脱离特殊经验和现实世界的客观内容而独立存在的意义。对于纯数学具有脱离个人的特殊经验而独立存在的意义，恩格斯指出这与科学上已经确定的事实一样，都是正确的，但他批判杜林认为数学具有脱离现实世界的内容而独立的意义：

首先，纯数学的对象是现实世界的空间形式和数量关系，即形和数。这两个概念的得来都是通过现实世界，所以是非常现实的材料。以数量关系来说，人们要学习计数，就要先从现实世界中去找对象，它可以是 10 根手指、5 棵树、20 个人等等，这些都是我们能够忽略它的其他一切特性只考虑数目的东西，即不管指头的长短、树的粗细、人的性别，只看代表它们数量的"10"、"5"、"20"。杜林则认为，数和形可以由数学本身创造，也就是说数学可以单独地在思维中向人们展示并让人们理解"3 是多少""5 又是多少"，这显然是荒谬的，脱离了客观世界的先验主义，也是不切实际的。这里的数学对象，即数和形的概念的形成属于唯物主义反映论的基本范畴，即思维和意识是对物质世界的反映。

其次，数学是从人的客观需要中产生的。人为了计数，从一棵树、两个人、3 块石头、4 颗星星等这些现实事物中抽象出 1、2、3……，这时候它们作为一种抽象的规律就和现实事物脱离，并作为客观世界的外在规律与之相对立，体现了反映论是意识对物质世界的反映。而思维和意识一旦形成就具有相对独立性，它在反映客观世界时，还有

自己特有的发展形式和规律。它以后被用于世界，只是因为它是从现实世界得来的，才是可以应用的。而且这不仅仅表现在数学上，社会发展的其他方面也是运用同样的道理。

再次，杜林认为数学公理是先验的，用这些先验的数学公理就可以推导出全部数学，继而将这种先验的方法运用到整个哲学体系中。恩格斯批判地指出，数学公理不是先验的，它只是数学从逻辑那里借用的极其贫乏的思想内容的表现，并用两个数学公理来论证他的说法。运用逻辑可以很明显地得出："整体"是由几个"部分"组成的，几个"部分"的相互组合才能形成"整体"；两个数量各等于第三个数量，那么它们也彼此相等。类似的数学公理是人们在实践过程中反复推理得出的判断，依赖于人们的经验和认识能力，是人脑的产物。但也正是由于人们的认识是一个不断反复、无限发展的过程，所以这些命题还有局限性，需要人们不断地汲取客观事物的真实关系，推动数学的发展，使数学真正地为社会实践服务。

最后，恩格斯还指出了杜林在数学问题上的前后矛盾。在《哲学教程》中，杜林在世界模式论部分认为纯数学是产生于纯思维的东西，而在自然哲学部分坚持先验论的同时又强调纯数学是来自外部世界的。

第二节　对世界模式论的批判

杜林的世界模式论指的是关于存在的基本形式原则的观点，是他的整个哲学体系的基础。在《反杜林论》中，恩格斯主要批判了杜林在世界统一性问题上的唯心主义和折衷主义，论述了马克思主义关于世界统一性的观点，提出"世界的真正统一性在于它的物质性"的基本原理。

一、批判杜林在世界统一性问题上的唯心主义观点

杜林认为"包罗万象的存在是唯一的"，它作为一个整体无所不包，因此没有任何东西是能够与它并列或在它上面的。紧接着，他又提出我们的思想是统一的，而存在被思维思考时，存在必须和思维相符合，因此，当我们用"仿佛框子一样的统一思想"去思维存在时，包罗万象的唯一存在就变成了统一存在，所以整个现实世界就成了一个不可分割的统一整体。杜林就是这样一步步地运用思维的统一性把存在的唯一性转为存在的统一性。对于杜林在世界统一性问题上的唯心主义先验论，恩格斯批判说这都是人们对它的想象：

首先，恩格斯对"包罗万象的存在是唯一的"这个公理进行了批判，认为"包罗万象的存在"原本就是"唯一"，这个公理只是同义反复的文字游戏，没有说明任何东西。

其次，恩格斯批判杜林把一切思维的本质看作由意识的要素联合成的统一体的错误观点：其一，思维不仅能把意识的要素综合起来，还能将它们分解，没有分析就没有综合，而且这里的综合不是把各个部分机械地装配在一起，而是在思维中把各个要素的本质方面按其内在联系有机地结合成一个统一的整体，体现了马克思主义辩证思维方法。杜林实际上割裂了分析与综合的辩证关系，把综合绝对化，使它脱离了分析，忽视了客观事物的真实统一，推出了存在的统一性。其二，杜林从思维的统一性推出整个世界的统一性，实际上颠倒了二者的关系。恩格斯指出，现实世界首先是统一的，我们才会有反映现实世界统一性的思想意识，客观世界的千差万别来源于物质又统一于物

质。例如太阳和太阳照射下的石头在现实世界中是统一的，然后人们才会用思维中的"热"将两者综合。杜林则离开现实世界中的统一，单纯考察思维的综合能力，即我们是从存在开始的，因此我们思考着存在，关于存在的思考是统一的，而存在和思考又必须相互适应、相互协调和"相互重合"，因此存在就是统一的。而且，杜林企图用思维和存在的统一性证明思维产物的现实性，是从黑格尔那里抄来的。黑格尔认为绝对精神是世界的本原，自然界和人类社会是由绝对精神产生的并反映绝对精神，通过认识自然界和人类世界就能够认识绝对精神。因此，在黑格尔看来，不是思维统一于存在，而是存在统一于思维，杜林和黑格尔的观点都是建立在唯心主义基础上的。

再次，杜林关于世界的统一性问题没有与唯灵论者划清界限，但也没有在他们那里被认可。唯灵论者虽然也认为世界是单一的，他们眼中世界的统一性在于对上帝信仰的要求，这与杜林宣扬的世界统一于存在是不同的，因此唯灵论者没有认可杜林。而且杜林存在的统一性是用证明上帝存在的本体论论证方法证明上帝不存在。本体论证明法是指经院哲学家中的一个诡辩，它是由英国大主教安塞伦提出的。"他把普遍的概念加以客观化和绝对化，成为独立存在的精神实体，并且把概念看成第一性的东西，把概念所反映的事物看成是第二性的东西：因为上帝的概念是完美的概念，存在是完美概念的标志，上帝在人们心中是一切完美性的总和，所以上帝是实体存在的"。[①] 杜林正是用相同的方法得出上帝是不存在的：被思考的概念所包含的东西是统一的，思想去思考的存在也应该是统一的，所以存在是统一的，则与存在相对立的上帝是不存在的。这两者显然都是是彻头彻尾的唯心主义，是极其荒唐的。

---

① 《〈反杜林论〉哲学编讲义》第149页。

二、批判杜林在世界统一性问题上的折衷主义观点，阐明世界的真正统一性在于它的物质性

世界的统一性问题是哲学史上一个重大的问题，对这个问题的不同回答产生了 3 种基本的观点：唯物主义一元论认为世界统一于物质，唯心主义一元论认为世界统一于精神，二元论否认世界是统一的，认为物质和精神都应该被看作世界的本原。

杜林主张世界既不统一于物质也不统一于精神，而是统一于存在。在恩格斯看来，存在本身甚至完全是一个悬而未决的问题，它只能说明我们所说的对象是存在的、实有的，包含在存在的统一性而不是别的统一性中，不能说明对象之间任何其他的共同点或者不同点，当然也不能说明这种存在是精神的存在还是物质的存在又或者是二者兼具。因此，杜林把世界统一于存在的观点是折衷主义的，它掩盖了对物质和意识何者为第一性问题的回答。

针对杜林在世界统一性问题上的折衷主义，马克思指出：存在是统一性的前提，世界的真正统一性在于它的物质性：

首先，恩格斯认为，世界的存在是它的统一性的前提，因为世界只有先存在，然后才能够是统一的，但是世界的统一性并不在于它的存在。世界上的事物千差万别地客观存在着，物种的差别、颜色的差别、材质的差别、性别的差别、年龄的差别等等数不胜数，单用存在不能说明世界的本原问题。

其次，恩格斯说世界的真正统一性在于它的物质性。物质是标志着客观实在的哲学范畴，要靠哲学和自然科学长期和持续的发展来证明，通过各种物质形态表现出来，通过人们的感觉而存在，并能为人的感觉所复写、摄影和反映。但杜林口中的存在仅仅是离开具体事物

的共同点不进入感觉范围的一种抽象的存在，因此不能被当作世界的统一性。马克思主义认为物质是一般和个别，共性和个性，普遍性和特殊性的统一，而且既然能够进入感觉的范围，所以它尽管是独立存在于感觉之外的但却是可以被感觉所感知的。

因此，世界的真正统一性在于它的物质性，这是对哲学基本问题第一方面的回答，即物质第一性，意识第二性，意识是对物质的反映。同时说明了物质是可以被感觉感知的，这是对哲学基本问题第二方面的回答，即思维能够认识存在。

杜林强调他主张的存在不是纯粹的存在，是一种没有任何内在差别、任何运动和变化的真正虚无，即自身等同的状态，但只要稍加对比就会发现这种存在和黑格尔《逻辑法》中的纯粹存在其实是一回事。而且，杜林认为存在－虚无会发展到一种变异的世界状态，因为这种状态既有不变又有变，既有存在又有变异，所以恩格斯指出这是杜林较高阶段的存在概念，但是即使这样，杜林还是要求人们把握事物自身等同的存在概念。当这种存在－虚无发展到变异状态时，杜林又提出用属和种来区别一般和特殊，用量的概念来区分质，而量又总是可以测量的，并指出"人们不管一切量的渐进性，而只是通过质的飞跃从无感觉的领域将进入感觉的领域，关于这种飞跃，我们……可以断言，它和统一特性的单纯地渐进有无限的差别"。[1] 恩格斯批判指出，这一切又照搬了黑格尔《逻辑学》第一部分存在论的范畴。黑格尔把存在论分为质、量和度，认为量的单纯增加或减少，超过度的界限就会发生质的变化，例如，在标准大气压下，将水加热或冷却，当达到沸点和冰点这两个关节点时，水就分别变成了冰和水蒸气。此外，尽管杜林抄袭黑格尔，承认在变异状态下，事物会发生质变，但当马克思引证黑格

---

① 恩格斯：《反杜林论》，人民出版社1970年版，第42页。

尔"量转变为质"时，杜林却歪曲马克思的观点是"模糊概念"。

总而言之，我们看到杜林的世界模式论在很多方面都抄袭了黑格尔的观点，黑格尔在《逻辑学》中，先从存在进到本质，再进到辩证法。杜林却完全抛弃了他的辩证法，认为世界最初的存在是没有内在差别、任何运动和变化的，所以杜林的的模式论不仅是唯心主义和折衷主义的，而且还犯有形而上学的错误。

第三节　辩证唯物主义时空观

杜林形而上学时空观的错误主要表现在两个方面：一个是时间和空间是有限的，另一个是世界曾经处于绝对不变的状态。在《反杜林论》中，恩格斯主要批判杜林在关于时空问题上形而上学的观点，阐明辩证唯物主义的时空观。恩格斯针对杜林的错误指出，时间和空间都是无限的，时间不能脱离物质而存在，时间和空间是物质运动的存在形式。

一、批判杜林形而上学的时空观

杜林重新研究"世界模式论"中存在的无限性的观点，即黑格尔在《哲学全书》中被称为恶的无限性的观点，得出时间是有开端的，空间是有限的。"恶的无限性是有限的简单重复，无穷积累，像简单的数字序列 $1+1+1+1+1\cdots\cdots$ 或 $1+2+3+4\cdots\cdots\infty$ 那样无止境地排列下去，但数列排列得再长，总是有限的。"[①] 杜林就是从这一观点出

---

① 《〈反杜林论〉释注》，山东人民出版社 1982 年版，第 69 页。

发，得出时空观：数在数列中是无限积累的，即例中一直可以到无穷；这个积累都有一个起点，即例中的"1"；有个唯一的方向和唯一的形式，即例中从左向右在正方向上相加。但如果有两个方向"就会出现可以计算的无限数列这种不可允许的矛盾"，杜林的这种无限性观念中包含两个结论：

第一，世界上的因果链条一定在某个时候有个开端。因果链条中各个要素联系起来的原因有无限个，但一定有一个是整个链条的开端。换句话说，某个时候的开端就是这个因果链条中的最初原因。

第二，定数律。"定数律是指任何由独立物组成的现实的属的相同物的积累，只有作为一定的数的构成，才是可以思议的。"[①] 对于这个抽象概念杜林做以下理解：一切现实的划分总是必然具有某个开端，而且必然具有有限的规定性，不然就会出现不可计算的数被计算出来的矛盾。比如，天体现有数目在某个瞬间是确定的，世界上的任何物质在特定时间包含的原子数是具体的，在今天以前地球围绕太阳公转的次数不管现在科技能不能算得出来它都是一个定数。而且，自然界前后相继的各种现象，都必然渊源于某种自身等同的状态，这种状态可以从来就没有矛盾地存在着，如果自然界的前后相继的现象不渊源于这种自身等同状态，就会出现可以计算的无限数列那种不被允许的矛盾。在自身等同状态下，由于没有运动、变化，所以也是没有现实的时间的。

恩格斯批判杜林关于时空有限性的观点是对康德《纯粹理性批判》中"二律背反"的片面抄袭。"'二律背反'讲的是关于世界两个正相反对而又都可以论证的命题。"[②] 恩格斯批判杜林是片面的抄袭康德的"二律背反"，因为他只是证明了第一个命题的一半，即正题

① 恩格斯：《反杜林论》，人民出版社1970年版，第44页。
② 《〈反杜林论〉释注》，山东人民出版社1982年版，第71页。

部分，而把反题部分的证明抛弃了。

正题部分：世界在时间上是有开端，在空间上也是有界限的。

首先，论证"时间有开端"。杜林首先假设世界在时间上没有开端，那么在已经过去的任何一个时刻，永恒的世界已经终止于一个确定的瞬间，因此一个彼此相继的事物状态的无限序列在世界上消逝了。而且，序列的无限性并不是由连续的综合来实现，所以世界在时间上是有开端的。举个例子，我们就用"$1 + 2 + 3 + 4 + \cdots + \infty$"这个无限数列来说明，从 1 开始向正方向上的相加不管停在 4、998、10007等等任意数都是不可能的，因为这样就会使这个无限数列终止在某个数字。而且，假如停在 200，那么这个 200 不仅成了这个无限数列中"$1 + 2 + 3 + \cdots + 200$"部分的结束，还是"$201 + 202 + \cdots + \infty$"部分的开端，这显然与我们开头假设的时间没有开端相矛盾，因此，无限序列也永远不能由被这样分割开的一个个连续序列综合来完成。所以，时间是有开端的。

其次，论证"空间是有界限的"。我们也假定相反的情况：世界是一个由同时存在的事物所构成的无限的确定的整体，对于整体不在直觉界限内的量的大小，我们只有通过各个部分量的相加才能获得，而对于这种量的综合，我们只有通过完成的综合或单位自身的重复相加才可以实现。也就是说，如果把世界在空间上看作一个没有界限的确定的整体，那么它必然包括无限多的无限部分，要想计算整体的量就必须把各个无限的部分看成是终止在某一点的，而这就相当于承认了空间是有限的，与我们的假设相矛盾，因此假设不成立，世界的空间是有界限的。

反题部分：世界在时间上没有开端，在空间上没有终点。这一点则没有被杜林论证。

恩格斯看到康德和杜林都割裂了有限和无限的辩证关系，不承认无数有限可以构成无限，因而他们的时空观都是形而上学的。

恩格斯批判了杜林对存在无限性的错误理解和论述：

首先，杜林认为无限性有开端，并且只有一个方向，一切现实的划分总是必然具有有限的规定性，不然会出现无限数列被计算出来的矛盾。恩格斯批判这种观点，提出杜林用数学的无限序列证明时空的无限性是错误的，因为为了满足数学运用无限数列的习惯，数学家在观念上要把现实世界中不确定的、无限的东西转成确定的、有限的东西，而且无限序列总是从"1"开始，这种序列应用到我们的现实空间表现为从一点起按一定方向延伸的无限的线。为了得出空间真实的度的概念，我们只要从空间任意一点上按 3 个相反的方向延伸出 6 条线，而且这样得到的是六度，因为现实空间的无限性本来就是没有一个方向是有终点的，无论是向前还是向后，向上或向下，向左或向右。康德很懂这一点，所以他只是间接的、转弯抹角地把他的序列转到现实的空间性上来。

其次，恩格斯批判杜林的论证方法是循环论证，把要证明的东西当前提，这样是没有意义的。杜林把时间想象成一种从"1"起的数列或在空间上从某一点延伸出去的线，那么就预先说时间是有开端的、空间是有限的，这样就形成了循环论证。为了避免这类错误，我们可以假定数列所由开始的"1"、在测度线时所出发的点，是数列中任意的一个数、线上的任意一点。

杜林在论证时空有限性过程中一直在强调，"不然就会出现不可计算的数被计算出来的矛盾"，恩格斯举例：不管是从 $-\infty$ 一直加到 0，还是从 0 加到 $+\infty$，总有一个无限序列留在后面不能被计算出来，所以杜林计算不出这个无限序列的结果；如果按照杜林的说法，已经消逝的时间的无限序列可以计算出来了，那么他就承认时间是有开端的，又犯了前面循环论证的错误，因此杜林所说的可以计算的无限序列或定数律本身就是一个矛盾的定义。

恩格斯在论证无限性的开端和终点的辩证法中指出：开端和终点就像北极和南极一样，必然是相互联系的，如果省略终点，开端就正好成为终点，即序列所具有的一个终点，而如果略去开端，终点就正好成为开端，也就是序列的一个开端。这就是说，无限性无所谓开端和终点，在无限中的任何一点，对过去来说它是终点，对未来来说它又是开端。无限性自身是一个矛盾，而且充满着各种矛盾，无限是由无数有限组成的，正因为无限性是矛盾，所以它是无限的，在时间上和空间上无止境地展开的过程。杜林形而上学地割裂了开端和终点的辩证关系，实质上是否认了世界的无限性。

二、批判杜林宇宙不变的理论

按照杜林的说法时间是有开端的，接下来杜林开始论证在时间开端之前世界是什么状态的。他说世界处在自身等同不变的状态，这种状态中没有任何相继发生的变化，所以比较特殊的时间概念也就变成比较一般的存在观念。恩格斯说：我们知道时间和空间是存在的基本形式，因此假设时间和空间之外的存在是不成功的；杜林又解释说，这也有可能是时间，但是不同于我们称为时间的那种时间，因为这种时间不是由各个现实的部分组成的，而只是由我们的悟性任意划分的，只有当时间被不同的事物所充满时才是可以计算的，至于空洞的持续性的积累是什么意思，根本不可思议。恩格斯批判杜林指出，空洞的持续性的积累是什么不重要，我们要看这种世界状态是否持续下去，如果它是持续的，也要经历时间；杜林还认为时间由于变化而存在，不是变化存在于时间之中并通过时间而存在。恩格斯在批判时认为，既然时间和变化是不同的，那么可以用变化来测度时间，而且不发生任何显著变化的时间不等于不是时间，而是一种纯粹的时间概念，"它宁可说是纯粹的、不受任何外来物的混入所影响的时间，所以是真正的时间，作为时间的时间"。[①]

而且，恩格斯还指出，既然世界处在一种自身状态等同的、不变的状态中，因此，它不能由自身去摆脱这种状态而转入运动、变化，因此必须求助于外来的推动，杜林求助于上帝，这样就在时空观上陷入了神秘主义。杜林为了摆脱困境提出：当世界处于绝对不变的状态时，物质和机械力是统一的，两者一分离，世界就开始运动，恩格斯批判杜林并没有指出当世界处于不变状态时机械力在哪，只是用了3个错误的论调加以说明：

其一，证实我们所熟悉的存在链条上的任何最小的环节向后一个环节的转变是同样困难的。恩格斯批判说，存在链条上的最小环节向后一环节转变的问题，自然科学的能量守恒就能回答，而从不动到运动则要从"虚无"来说明所发生的变化。

其二，我们有"连续性的桥"。杜林解释说，在不动和运动之间有"连续性的桥"，通过把两者之间的转变分成很多无限小的部分找出实现转变的那部分。恩格斯批判说，不动的连续性就是不动，再怎么延长和细化还是不动，动的连续性是动，再怎么延长和细化也还是运动，因此，引入这个"连续性的桥"只是让问题比以前更神秘。

其三，杜林认为在现代力学适用范围内，虽然无法说明从不动到动，但热之唯动告诉我们物体运动在一定条件下可以转化为分子运动，恩格斯批判说物体运动转变为分子运动仍然是一种运动形态转化为另一种运动形态，不能实现从不动到动的转变。

总之，针对杜林认为时空是有限的，时间和存在可以相分离，宇

---

① 恩格斯：《反杜林论》，人民出版社 1970 年版，第 50 页。

宙通过"虚无"实现从自身等同状态到运动的转变等错误观念，恩格斯阐述了辩证唯物主义时空观：时间和空间是无限的，它们是物质存在的基本形式。物质运动与时间和空间的不可分割证明时间和空间的客观性，它总是在一定的时间和空间中进行，没有离开物质运动的时间和空间，也没有离开时间和空间的物质运动。具体物质形态的时空是有限的，而整个物质世界的时空是无限的；物质运动时间和空间的客观实在性是绝对的，物质运动时间和空间的具体特性是相对的。因此，物质运动不是从自身等同的状态转为运动，只能是从一种运动形式转向另一种运动形式。

第四节　辩证唯物主义运动观

杜林提出物质有个不变的"自身等同状态"，从而把运动和静止割裂开来，认为静止状态不代表机械功。在《反杜林论》中，恩格斯批判了杜林的这种形而上学观点，阐明了辩证唯物主义的运动观。恩格斯在批判的同时，科学的论述了物质和运动的关系，运动和静止的关系。

一、批判杜林在天体演化学上的"物质自身等同状态"

康德的星云说认为，所有的天体都是从旋转的星云团产生的。杜林攻击康德的星云说缺乏对力学的详细解释，是一种非常浮泛的概念。恩格斯从以下几个方面进行了反驳：首先，康德的学说虽然直到现在还只是一个假说，但是哥白尼的世界体系也是假说；其次，拉普拉斯已经从数学方面对星云说作出了证明；再次，自从分光镜驳倒一切异议，证明星空有这种炽热的气团以来，科学界对于康德学说的反对也已经沉默了；最后，虽然现代科学不能把星云说解释得让杜林满意，但是对于其他许多问题，它也同样不能回答。例如，对于为什么蛤蟆没有尾巴这个问题，现代科学也只是回答说，因为它们丧失了。正因为杜林对康德的这种不耐烦适用于任何时候和任何地方，所以它在任何时候和地方也是不适用的。

恩格斯还补充写道："顺便指出，如果在现代自然科学中康德的星云球被称为原始星云，那末这不言而喻应该只是在相对意义上来理解的。它是原始星云，一方面在于它是现存的天体的起源，另一方面在于它是我们迄今所能追溯的最早的物质形态。这绝不排除，而更应当说是要求这样的条件：物质在原始星云之前已经经过了其他形式的无限序列。"[1] 因此，康德的理解尽管有局限，但基本思想是符合辩证法的，而杜林认为天体起源于物质自身等同的状态，这种状态是不运动、不变化的，因此是形而上学的运动观。而且，杜林肆意攻击康德的星云说是因为，星云说和物质的自身等同的状态是不一致的。

杜林的"物质的自身等同的状态"是指世界最初处于的不变的物质原始状态，是物质和机械力的统一，而这个统一又是逻辑上真实的公式，物质和机械力的统一一旦停止，运动就开始了，世界由不变状态转为运动状态。此外，杜林还想借用黑格尔"自在"和"自为"两个范畴为他的哲学服务。黑格尔主张：自在包含着隐藏在某种事物、某种过程或某种概念之中的尚未发展成对立前所具有的原始统一性，而在自为之中，这些隐藏的因素的区别和分离开始显现出来，原始统一性被打破，它们的抗争也开始了。这样，把不动的原始状态理解为物质和机械力的统一，而把向运动的转化理解为这两者的分离和对

---

[1] 恩格斯：《反杜林论》，人民出版社 1970 年版，第 55 页。

立，这种状态可以纳入黑格尔的"自在"范畴，而幻想的这一状态的终结就可以归入"自为"范畴。杜林就是这样借用黑格尔的"自在"和"自为"的范畴说明世界从不动到运动的转变。但是，这种转变如果没有外力的作用是根本实现不了的，杜林借助上帝的力量，更加暴露了他的唯心主义立场。同时，杜林把自身等同状态和机械力的统一看作黑格尔的"自在"范畴是片面的，因为黑格尔承认矛盾的自身发展，所以"自在"包含内部矛盾的发展，杜林的自身等同状态实际上抛弃了黑格尔的辩证法思想，陷入形而上学的错误。

杜林认为，物质是一切现实的东西的承担者，因此，在物质以外也就不可能有任何机械力。他认为，机械力作为物质的一种状态，在自身等同状态中，物质及其状态即机械力，是统一的。以后，当运动发生时，这种机械力就和物质有所区别了。恩格斯在对他进行批判时指出，自身等同的状态，既不是静态又不是动态，既不处在平衡中又不是运动的，而且我们仍然不知道在那种状态下机械力在什么地方，因此如果没有外来的推动，就是说没有上帝，世界不可能由绝对的不动转到运动。杜林的自身等同状态把物质世界和运动相分离，脱离运动考察物质，不懂得运动是物质的存在方式，因此陷入了唯心主义的形而上学。

杜林把运动归结为机械力这样一种运动的基本形式，把相对的机械平衡想象为绝对的静止，不可能真正理解物质和运动之间的真实联系，容易脱离运动考察物质，把运动看成是硬加到物质上的。恩格斯说运动是物质的存在方式，不可能存在离开运动的物质。例如，宇宙空间中，大小不同的天体以及各个天体上较小的物体，无时无刻不在进行着机械运动；物理学上的热、电流或磁流的分子振动；化学方面，不同物质之间的分解和化合；生物界，有生命的物质随时都在进行着新陈代谢，把体内的废物排出体外，并从外界吸收生命活动所必需的能量。因此，宇宙中的每一个物质原子在某一瞬间都处在一种或几种运动中。我们所看到的静止或平衡都是相对的，例如，当我们看到一个人在睡觉的时候，我们说他是静止的，但在这期间，他仍然需要和外界进行气体的交换，体内的各种循环系统也是正常运行的，他只是处于相对的静止状态。没有运动的物质和没有物质的运动都是不可能的，运动和物质二者不可分割，因此，物质和运动一样，是既不能创造也不能消灭的，运动只能是从一个物体转移到另一个物体。而且，当它主动的从一种物体转向另一物体时，它就被当作被转移的、被动的运动的原因，这种运动叫作力，被转移的运动叫作力的表现。

马克思主义产生之前的一切唯物主义者和杜林一样，虽然谈到了物质和运动，但是并没有真正理解物质和运动之间的真实联系，把相对静止看作绝对的静止，从而割裂运动和物质的关系。马克思主义认为：运动是标志一切事物和现象的变化及其过程的哲学范畴，它是绝对的，物质和运动是不可分割的：一方面，运动是物质的存在方式和根本属性，物质是运动的物质，脱离运动的物质只会陷入形而上学；另一方面，物质是一切运动变化和发展过程的承担者，任何运动都有它的物质主体，离开物质的运动只会导致唯心主义。静止是物质运动在一定条件下的稳定状态，包括空间的相对位置和事物的根本性质暂时未变这两种运动的特殊状态，它是相对的。运动和静止相互依赖、相互渗透、相互包含，无条件的绝对运动和有条件的相对静止构成了事物的矛盾运动，只有把握运动和静止的辩证关系，才能正确地理解物质世界及其运动形式的多样性。

二、批判杜林在物理学上割裂运动和静止的形而上学观

杜林从天体演化学转向物理学，认为静止不能由机械功来计量。

恩格斯指出，在力学中，从静到动是外来力量推动的。把50千克的石头悬空10米，人们必须给石头一定的力让它可以克服地球对它的吸引力，石头升空10米和从10米高空下落时，都要做机械功，而且它们的机械功一样大，这样就符合了能量守恒和转化定律。石头悬空静止时已经代表一种机械功，例如，如果把它挂得太久，绳子的强度会由于化学分解作用会变小，绳子就会因为承担不了石头的重量而被拉断。石头升空和下落的过程就是石头处于运动状态。杜林说石头静止悬挂时的机械功是不能计算的，实质上是把静止绝对化、割裂了运动和绝对静止的关系，不懂能量守恒和转化定律，企图为他找到从不动到动的桥制造借口。恩格斯在批判杜林把静止绝对化时，还深刻地阐述了静止和运动的辩证关系，指出"运动应当从它的反面即从静止找到它的量度"。[①] 以地面作为参照物，物体静止不动，是由于外力作用的相互抵偿，物体升高不动，是由于吸引和排斥的作用处于暂时平衡，所以说静止是有限制运动的结果。既然静止是有限制运动的结果，是运动结果的转化形式，那么，这种运动可用静止来度量，也可以说是用其运动的结果来度量。杜林之所以否认静止状态代表机械功，是因为把静止看作离开运动的绝对静止。

杜林把潜热当成热之唯动说的障碍，为自己的自身等同状态做辩护，进一步暴露了形而上学的运动观点：

首先，潜热是指当温度不变时，单位质量的物体从一种质态向另一种质态转变的过程中所吸收或放出的热量。例如，处于冰点的1磅冰在标准气压下被加热变成具有同样温度的1磅水，在这个过程中消失了的热就叫作受束缚的热，通过冷却，以前受束缚的同一热量又释放出来，这样，热就被感觉到，而且被计量出来。

---

① 恩格斯：《反杜林论》，人民出版社1970年版，第59页。

其次，按照热之唯动说，"热就是物体的那些活动的最小粒子（分子）按照温度和聚集状态而发生的或大或小的振动，这种振动在一定条件下能够变为任何其他的运动形式——把这一点解释为消失的热已经做了功，已经转变为功"①。分子的无规则运动具有动能和势能，动能和绝对温度成正比，分子的相对间距越大势能越大，势能曾叫"分子张力"。例如，冰溶化时，水分子就会由紧密的联系变成松弛的排列；水气化时，水分子会在热的作用下，朝不同方向飞散。

恩格斯认为分子张力和受束缚的热是相互转化的，而转化出来的热和受束缚的热是一样的，符合能量守恒和转化定律，因此潜热或受束缚的热对热之唯动说绝不是障碍。杜林所谓的自身等同状态是一种形而上学的运动观，恩格斯根据能量守恒和转化定律阐述了机械功和热能的转化，指出机械功是热能的量度，论述了辩证唯物主义的运动观。

三、批判杜林在化学上的"创造性"

杜林又从物理学转到化学，提出了到目前为止现实哲学所获得的自然界的 3 个不变律：一是一般物质的量是不变的；二是单纯的（化学的）元素的量是不变的，三是机械力的量是不变的。恩格斯批判杜林的这些观点都是陈旧的事实，并没有让我们的认识向前发展，而且杜林的"创造性"在于把这些"不变律"看成是"事物体系的模式的属性"，即把人尽皆知的古董，贴上杜林的标签后，把它看作"彻底独创的结论和观点……创造体系的思想……根本性的科学"②。

---

① 恩格斯：《反杜林论》，人民出版社 1970 年版，第 60 页。
② 恩格斯：《反杜林论》，人民出版社 1970 年版，第 62 页。

第五节　关于有机界的认识

杜林宣扬的生物起源庸俗进化论，否定了达尔文的进化论。对此，恩格斯在《反杜林论》中通过批判杜林这种唯心主义目的论，反驳杜林对达尔文进化论的攻击，肯定了达尔文的学说，阐明了生命的出现是从无机界向有机界的飞跃。

一、批判杜林关于生物起源的庸俗进化论和唯心主义目的论

杜林认为从无机界到有机界，从低级生物到高级生物之间存在着一个由中间阶段构成的统一的和唯一的阶梯。尽管杜林意识到有机界和高级生物分别由无机界和低级生物转化而来，但是他认为这种转化只是通过渐变实现的，没有飞跃的作用，因此我们称之为庸俗进化论。恩格斯在批判这种庸俗进化论时指出，一切渐进性，从一种运动形式转变到另一种运动形式，总是一种质变，一种决定性的飞跃。从天体力学转变到物理学、化学等等，这些转变总是通过飞跃完成的，它们相区别的只是转变的的形式、次数和显著程度，而且尽管有些转变的形式不是很显著，主要依靠旧质在数量上的减少和新质在数量上的增加实现，但仍然是一种质变，一种决定性的转折。

杜林还认为无机界向有机界的转变是借助目的概念实现的，恩格斯揭露杜林又抄袭了黑格尔在《逻辑学》中借助于目的论从化学反应历程转到了生命。在《逻辑学》中，内在目的和外在目的有严格的区

别。"内在目的不是上帝的智慧纳入自然界的,而是事物本身的必然性中的目的,不是有意识的。而外在的目的是人的自觉活动的目的,这种目的是有意识的。"[①] 而杜林把内在目的和外在目的混淆,把上帝的智慧纳入了自然界,从而把自然界神化,我们就到达了一个自觉地思维和行动的自然界,因而站在一座的确不是从静到动、而是从泛神论到自然神论的"桥"上。就这样,杜林在生物进化问题上陷入了有神论,导致了唯心主义和神秘主义。

二、批判杜林对达尔文进化论的攻击

杜林实现了由无机界向有机界的转变后,开始对达尔文的进化论进行攻击和责难。

首先,杜林攻击达尔文的生存斗争理论是将马尔萨斯的人口论从经济学搬到自然科学,是马尔萨斯观点的普遍化。恩格斯反驳说,达尔文根本没有说过生存斗争的观念起源于马尔萨斯,他只是说:生存斗争理论是应用于整个动物界和植物界的马尔萨斯理论。而且,马尔萨斯人口论对达尔文进化论的产生有重要的影响,但并非决定性的,起决定作用的是达尔文的调查研究和科学实践。

其次,杜林开始攻击达尔文的生存斗争和自然选择。达尔文进化论认为,动植物不是固定不变的,而是进化的,进化则是生存斗争和自然选择的结果。达尔文发现了自然界所产生的胚胎的数量和真正达到成熟的有机体的微小数量之间的不对称,于是开始研究物种是怎样通过生存斗争和自然选择实现进化的。"由于每一个胚胎都力争发育成长,所以就必然产生生存斗争,这种斗争不仅表现为直接的肉体搏

---

① 《〈反杜林论〉释注》,山东人民出版社 1982 年版,第 88 页。

斗或吞噬，而且甚至在植物中还表现为争取空间和日光的斗争。很明显，在这一斗争中，凡是拥有某种尽管是微不足道的但是有利于生存斗争的个别特质的个体，都最有希望达到成熟和繁殖。这些个别特质因此就有了遗传下去的趋势，如果这些特质在同一个种的许多个体中发生，那末，它们还会通过累积的遗传按已经采取的方向加强起来；而没有这种特质的个体就比较容易在生存斗争中死去，并且逐渐消失"。[①] 杜林主要从两个方面歪曲杜林的观点：

其一，杜林认为，生存斗争不过是兽类的相互吞噬，没有意识的植物和驯顺的草食动物中没有什么生存斗争。对此，达尔文曾经强调过，他所定义的生存斗争是广义的，既包括生物与其周围环境的斗争，也包括同类生物和不同类生物之间的斗争。例如长颈鹿的脖子本身没有那么长，只是在长期生存过程中为了吃到高处的树叶才变得那么长，这就是动物和无机环境的斗争；处在沙漠中的植物为了适应缺水的环境，同样采取抗旱的生存斗争。所以不在于叫作"生存斗争"或者"生存条件的缺乏和机械运动"，而在于这一事实如何影响物种的保存或变异。

其二，杜林认为，自然选择是达尔文从虚无中得出自己的变化和差异。恩格斯批判指出，达尔文并没有说明个体变异的原因是什么，他说明的只是个别的偏离怎样逐渐成为一个品种、变种或种的特征。同时，恩格斯也辩证地批判达尔文夸大了生存斗争在物种变异中的作用，把它看成物种变异的唯一杠杆。

再次，杜林在攻击了达尔文后，又将矛头转向了海克尔。海克尔把"自然选择的观念扩大了，物种变异被看作适应和遗传交互作用的结果，同时适应被认为是过程中引起变异的方面，遗传被认为是过程

①　恩格斯：《反杜林论》，人民出版社 1970 年版，第 65 页。

中保存物种的方面"①。杜林分别对海克尔的适应和达尔文的遗传进行了批判:

其一,杜林认为海克尔的适应只是一种假象,这种因果性没有超越物理学、化学和植物生理学的东西的低等级段,而对自然界的真正适应要以观念决定的推动和活动为前提。恩格斯批判杜林的观点指出:杜林谈论自然界的纤巧性,认为自然界是有意志的,把自然界看作一个有自觉思维和行动的自然界,这不仅是唯心主义的,而且是逻辑上的紊乱。例如由于叶子会对光和热产生反应,含羞草在受到外界碰触时闭合,这仅仅是这种植物在适应外界环境时一种无意识的反应,并不像杜林说的是由观念决定的,所以杜林陷入了唯心主义错误。而且,杜林在解释手段和目的关系时强调,决不是以自觉的意图为前提的,也就是说,承认不自觉地有意图的活动在自然界是存在的,同时他又攻击海克尔的适应,如果不是指一种不自觉的有目的活动,又是什么?这种自相矛盾让他陷入了逻辑上的紊乱。

其二,既然物种变异被看作适应和遗传交互作用的结果,在攻击了"适应"后,杜林又转向了"遗传"。杜林首先以达尔文的名义杜撰了一个观点:整个有机界是从一个原始生物遗传下来的,也可以说所有的有机物都有着共同的一个祖先。然后,他又从这个他本身的自由创造物和想象物出发认为,一旦存在繁殖方法的线索中断这种情况,达尔文的物种进化观点就会陷入绝境。恩格斯批判指出,杜林歪曲了达尔文的意思,达尔文只是在他的《物种起源》中认为,一切生物都是少数几种生物的直系后代,不是特殊的创造物。"一个原始生物"和"几种生物"不仅仅是数量上的差异还在物种上有区别。按照达尔文的观点生物进化是客观的、必然的,而杜林则认为是偶然的,

---

① 恩格斯:《反杜林论》,人民出版社 1970 年版,第 68 页。

一旦那个原始生物灭亡，整个有机界的进化就会破灭，研究就会陷入绝境。恩格斯指出在研究事物联系时血缘关系的线索中断是常有的事，而自然科学和现实哲学的发展会使认识不断深化。此外，尽管杜林承认，存在着彼此没有亲缘关系的独立并存的同种自然物，但是他用"造物主"来解释这些物种的产生，又陷入了自然神论。

最后，杜林立足于生物学的继承和发展，把达尔文和拉马克对立起来。杜林认为达尔文只是照搬拉马克的观点，因此采取推崇拉马克的手段，极力贬低达尔文。恩格斯说，从拉马克那时以后，在从事搜集或解剖的植物学和动物学领域内积累了大量的材料，产生了胚胎学和古生物学，"于是发现，有机体的胚胎向成熟的有机体的逐步发育同植物和动物在地球历史上相继出现的次序之间有特殊的吻合，正是这种吻合为进化论提供了最可靠的依据"。[①] 达尔文或者追随达尔文的自然科学家不但没有贬低拉马克的伟大功绩，还继承了拉马克的学说，并在新的条件下将其发展。而且，恩格斯指出，进化论本身还很年轻，所以，对生物界的进一步探索将会大大修正现在的、包括严格达尔文主义的关于物种进化过程的观念。

第六节　马克思主义生命观

杜林主张在有机生物的学说中应当用"组合"代替"发育"，并认为通过塑造出来的模式化而进行的新陈代谢才是真正的生命过程独具的特性。对此，恩格斯在《反杜林论》中继续批判杜林的关于生命

---

① 恩格斯：《反杜林论》，人民出版社 1970 年版，第 71 页。

本质和特征的谬论，科学地论证了马克思主义的生命观。

一、批判杜林形而上学的组合论

杜林主张在有机生物的学说中应当用"组合"代替"发育"。恩格斯从不同方面批判了这种谬论：一切有机体，除了最低级的以外，都是由细胞组成的；最低级的细胞体是由一个细胞构成的，绝大多数有机生物都是多细胞的，多细胞的有机体经过分化形成各种组织和器官。而无论单细胞动物还是多细胞动物，它们的生长发育都是通过细胞的分裂，而不是"组合"。"开始时细胞核在中间收缩，这种使核分成两半的收缩愈来愈厉害，最后这两半分开了，并且形成两个细胞核。同样的过程也在细胞本身中发生，两个核中的每一个都成为细胞质集合的中心点，这个集合体同另一个集合体由于愈益紧密的收缩而联系在一起，直到最后分开，并作为独立的细胞继续存在下去。"[1] 这样，单细胞通过分裂实现繁殖，多细胞通过分裂发展，一切有机体从低级到高级的变化发展都是采用细胞分裂的方法，这表明生物的生长过程是发育而不是杜林主张的形而上学的简单"组合"。

二、批判杜林关于生命本质和特征的观点

杜林首先对生命进行了一般意义上的定义："无机界也是一个自我完成的活动的体系；但是只有在真正的分化开始时，只有在物质循环从一个内在的点，按照一种可以转化为较小形体的胚胎形态，通过特别的管道来实现时，才能从比较狭隘和比较严格的意义上来谈真正

---

[1] 恩格斯：《反杜林论》，人民出版社1970年版，第74页。

的生命"①。

恩格斯指出杜林的这4个相互矛盾的生命标志是荒谬的，因为如果按照这4个标志来判断生命和非生命，那么整个植物界和大半个动物界都会被宣判永久死亡。恩格斯对这4方面分别进行了批判：首先，如果按照杜林的观点生命是从分化开始的，那么我们就必须宣布海克尔的整个原始生物界都是死的。海克尔的原始生物界指的是单细胞的生物，单细胞本身是没有分化的。其次，如果按照杜林的观点有胚胎才有生命，那么没有胚胎的单细胞生物就没有生命了。再次，如果循环系统有特别管道才有生命，全部腔肠动物除水母外都没有生命了。最后，如果有一个内在的点即心脏，才开始有生命，那么有几个心脏或者没有心脏的动物、全部植物就不算有生命了。

然后，杜林主张："在自然界中，从最低级的到最高级的一切组织，都是以一个简单的类型为基础的，这种类型即使在最不完善的植物的最次要的活动中，也已经完全可以从它的一般性质上看出来"②。即把细胞看作生命的基础。恩格斯批判这种观点，认为细胞的确是最高级的组织的基础，但是在最低级的有机体中，还包含着很多比细胞还简单的生命，如：原生变形虫是没有任何分化的简单蛋白质小块，一系列其他原虫以及全部的管藻，它们之所以能够同高级有机体有联系，只是因为它们的基本组成部分是蛋白质。

此外，杜林主张，在生理上，感觉是和某种神经器官的存在相联系的，并认为一切动物的特征就是有感觉，完成向感觉的飞跃是动物和植物之间鲜明的界限。恩格斯从3个方面对这种观点进行了批判：首先，把感觉作为动植物的界限，是抄袭了黑格尔在《自然哲学》中的观点：感觉就是动物的绝对的标记。其次，恩格斯指出，杜林所谓

---

① 恩格斯：《反杜林论》，人民出版社1970年版，第75页。
② 恩格斯：《反杜林论》，人民出版社1970年版，第76页。

的动植物之间的过渡形式是外表上不确定的，或不能确定的形式是胡说八道，因为中间状态是存在的，有些有机体我们根本没法仅靠外表区分它们是动物还是植物，所以杜林的划分标准没办法区分这种中间状态和感觉，例如，受到外界刺激会卷起叶子或者合拢花瓣的某些植物以及食虫的植物，它们有感觉的能力，但并不是动物。最后，恩格斯指出，"感觉是和某种即使很简单的神经器官的存在相联系的"，是杜林的自由创造物和想象物，因为很多原始动物虽然没有神经器官的迹象但是拥有感觉，例如所有原始动物和植虫，至少它们中的大多数都没有显示出任何拥有神经器官的迹象。

最后，杜林主张，通过塑造出来的模式化而进行的新陈代谢是真正的生命过程独具的特性。恩格斯主张，近30年生理化学家和化学生理家无数次说过，有机体的新陈代谢是生命的最一般的和最显著的现象，因此，用新陈代谢来判断生命和非生命，相当于说生命就是生命，是同义反复。而且，新陈代谢本身没有生命也可以发生，化学和生物学上许多现象和实验都很好地反驳了这一点。例如，在化学方面，"通过硫的燃烧来制造硫酸。硫燃烧产生二氧化硫，加上水蒸汽和硝酸，二氧化硫就吸收氢和氧而变成硫酸，这时，硝酸放出氧而还原成二氧化氮，这二氧化氮立刻又从空气中吸收新的氧，变成氮的高价氧化物，但是立刻又把这氧放给二氧化硫，而重新进行这样的过程，所以在理论上只要极少量的硝酸，就足够使无限数量的二氧化硫、氧和水变成硫酸"。① 因此，杜林通过新陈代谢来判断生命体同样是没有说服力的。

三、恩格斯科学论述生命的定义、生命的本质和特征

恩格斯提出：生命是蛋白体的存在方式。"无论在什么地方，只

---

① 恩格斯：《反杜林论》，人民出版社1970年版，第78页。

要我们遇到生命，我们就发现生命是和某种蛋白体相联系的，而且无论在什么地方，只要我们遇到不处于解体过程中的蛋白体，我们也无例外地发现生命现象。无疑地，在生物体中，必然还有其他化学化合物来引起这些生命现象的特殊分化；对于单纯的生命，这些化合物并不是必要的，除非它们作为食物进入生物体并变成蛋白质。我们所知道的的最低级的生物，只不过是简单的蛋白质小块，可是它们已经表现了生命的一切本质的现象。"[①]

然后，恩格斯对生物的最基本的生命现象作了科学研究。他认为最基本的生命现象在于蛋白体从自己周围摄取所需要的其他物质，将它们进行同化作用，而体内比较老的、不起作用的部分则通过分解被排出蛋白体外。这样，蛋白体的表现方式就在于，每一瞬间它既是本身，同时又是别的东西。"这就是说，蛋白体的同化和异化作用是生命最基本的现象。有机体进行同化和异化的新陈代谢过程和其他无生命物体的新陈代谢过程是不同的。其特点在于，有机体的新陈代谢是不断地自我更新，代谢过程不仅不能破坏自己，而且是自身存在的基本条件，代谢一停止，有机体就死亡，变成他物，而无生命体的代谢则不然，它们的代谢，是转化为其他东西的条件。"[②]

此外，恩格斯还从蛋白质所特有的可塑性中，推导出了所有其他最简单的生命要素，即刺激感应性，收缩性，成长的能力和内在的运动。

恩格斯关于生命本质和特征的论述是非常深刻的，对生物学的研究也具有重要意义，但是他却强调"我们的关于生命的定义当然是很不充分的，因为它远没有包括一切生命现象，而只是限于最一般的和最简单的生命现象。在科学上，一切定义都只有微小的价值。要想真

---

① 恩格斯：《反杜林论》，人民出版社 1970 年版，第 79 页。
② 《〈反杜林论〉释注》，山东人民出版社 1982 年版，第 101 页。

正详尽地知道什么是生命，我们就必须探究生命的一切表现形式，从最低级的直到最高级的。可是对日常的运用来说，这样的定义是非常方便的，在有些地方简直不能缺少的；只要我们不忘记它们的不可避免的缺点，它们也无能为害"①，体现了恩格斯在探索生命的过程中坚持了唯物辩证法，同形而上学划清了界限。

第七节　关于真理观念的认识

杜林曾强调他的论断有"至上的意义"和"无条件的真理权"，此外，杜林还提出了永恒真理和超阶级超历史的道德观。恩格斯在全面考察杜林的观点后，批判了杜林在道德和法方面的这种形而上学的观点，并深刻阐明了绝对真理和相对真理的辩证关系，论述了道德的阶级性和历史性。

一、批判杜林形而上学的真理观，阐明马克思主义科学的真理观

要想研究人的认识的产物究竟能否具有至上的意义和无条件的真理权，首先要研究人的思维。恩格斯认为，人的思维不是指个别人的思维，而是指整个人类的思维，但是它只能通过无数亿过去、现在和未来的个人思维而存在。杜林宣扬个人的思维具有至上性，它是指思想的绝对性、无限性和无条件性，就是说思维能无条件地、完整无缺

---

① 恩格斯：《反杜林论》，人民出版社1970年版，第80页。

地认识绝对无限的宇宙，即有"无条件的真理权"。恩格斯批判杜林的观点，指出：从整个人类的思维看，"所有这些无数亿过去、现在和未来的人的思维，是至上的、无限的，是能够完全认识客观世界的；作为处在一定历史发展阶段上的个别人来说，他的思维能力，由于客观上受种种历史条件，特别是生产发展水平的限制，主观上又受思维者的肉体和精神状况的限制，因而是非至上的、有限的"①。分析了个人思维的非至上性和人类思维的至上性后，恩格斯接着进一步论述至上性和非至上性的辩证关系。他说："思维的至上性是在一系列非常不至上地思维着的人们中实现的；拥有无条件的真理权的那种认识是在一系列相对的谬误中实现的；二者都只有通过人类生活的无限延续才能完全实现"②。因此，杜林主张的人的认识的产物具有至上的意义是唯心主义的，而且认为真理是无条件的，陷入形而上学。

杜林还认为真理是永恒的，恩格斯用大量客观事实驳斥了杜林的错误观点，论述了绝对真理和相对真理的关系，揭露了杜林鼓吹"永恒真理论"的目的是为他在历史领域内的永恒真理和永恒道德制造理论依据：

首先，恩格斯对"永恒真理"作了辩证的分析。针对杜林主张的"最后的、终极的真理"，恩格斯通过对认识领域三大部分的分析，驳斥了杜林的错误观点。

其一，恩格斯对第一类科学进行分析：第一类科学包括研究非生物界以及或多或少能用数学方法处理的一切科学，即数学、天文学、力学、物理学、化学。因为这些科学的某些成果是永恒真理，所以这些科学也叫作精密科学。例如，二乘以二等于四，三角形的内角和等于两个直角。但是，并不是所有的成果都是永恒真理，例如，当数学

---

① 《〈反杜林论〉释注》，山东人民出版社1982年版，第105页。
② 恩格斯：《反杜林论》，人民出版社1970年版，第83~84页。

发展到运用变数后，许多原来在初等数学上是谬误的东西都变成了科学，尽管许多人在进行微分和积分时并不懂变数中包含的辩证法，但是他们的计算结果总是正确的。因此，第一类科学中最后的终极真理就这样随着时间的推移变得非常罕见了。

其二，恩格斯对第二类科学进行分析：第二类科学是包括研究生物机体的那些科学。在这一科学中包含着各种错综复杂的相互关系和因果联系，因此，不仅每个已经解决的问题能引出无数的新问题，而且没有解决的问题也常常需要几百年的研究时间才能解决。此外，如果需要对各种联系作系统的了解，还需要在最后的、终极的真理基础上建立各种假说。例如，为了正确地确定血液循环这样简单的事实，需要研究从盖仑到马尔比基之间这么长的中间阶段；当人们发现细胞后，就需要对以前生物学上已经确立的一切最后的、终极的真理进行全面的修改。而且，恩格斯强调谁确立确实是真正的不变的真理，他就必须满足于一些陈词滥调。

其三，恩格斯对第三类科学进行研究：第三类科学是按历史顺序和现在的结果来研究人的生活条件、社会关系、法律形式和国家形式以及它们的哲学、宗教、艺术等等这些观念的上层建筑的历史科学。在有机界中，我们对一些过程的连续系列的研究是有重复的规律可循的，但是在社会历史领域，人们从石器时代以来，情况的重复只是例外，而且即使发生重复也是在完全不同的情况下，例如，原始的土地所有制的出现和崩溃。此外，只有当一种社会制度已经半衰退或濒临瓦解时，人们才能认识到这种社会存在形式和政治存在形式的内在联系，而且，按其本性来说，这种认识也只是暂时正确的。因此，恩格斯强调"谁要是在这里猎取最后的、终极的真理，猎取真正的、根本不变的真理，那末他是不会有什么收获的，除非是一些陈词滥调和老生常谈，例如，人一般地说不劳动就不能生活，人直到现在大都分为统治者和被统治者，拿破仑死于 1821 年 5 月 5 日，如此等等"。①

　　其次，恩格斯进一步揭露了杜林主张"最后的、终极的真理"的目的，指出杜林企图通过穷根究底的研究赋予道德的真理以最后的终极性。恩格斯阐述了马克思主义关于真理的正确论述：真理是人们对客观事物及其规律的正确认识，人们进行认识活动就是为了获得真理，并用真理指导实践活动，取得实践的胜利。"承认真理是客观的，这是真理问题上的唯物论，就真理的发展过程以及人们对它的认识和掌握程度来说，真理又是绝对的和相对的，这是真理问题上的辩证法。任何真理，既具有客观性，同时又具有绝对性和相对性。"② "真理是具体的，是发展的，真理的绝对性和相对性是辩证统一的：

　　其一，具有绝对性的真理和具有相对性的真理是相互渗透和相互包含的。一方面，相对之中有绝对，绝对寓于相对之中；真理的相对性之中，也包含着绝对性的颗粒。另一方面，绝对之中有相对，真理的绝对性通过相对性来表现，无数具有相对性的真理之总和构成具有绝对性的真理。也就是说，从真理的两重性来看，任何真理既是绝对的，又是相对的，是两者的统一。就真理在一定条件下对有限事物的认识来说，它是相对的；就真理在这种条件下，反映客观世界、反映客观事物的本质和规律的真实情况来说，是绝对的。

　　其二，具有相对性的真理和具有绝对性的真理又是可以辩证转化的。真理始终处在由相对向绝对的转化和发展中，这是真理发展的规律。人类认识是一个不断深化的过程，是从相对性真理走向绝对性真理、接近绝对性真理的过程。任何真理性的认识都是由相对性真理向绝对性真理一个环节。"③

---

① 恩格斯：《反杜林论》，人民教育出版社 1970 年版，第 87 页。
② 《马克思主义基本原理概论》，高等教育出版社 2010 年版，第 73 页。
③ 《马克思主义基本原理概论》，高等教育出版社 2010 年版，第 74 页。

最后，针对杜林把真理和谬误绝对对立起来的错误，恩格斯论述了二者的辩证关系："首先，真理和谬误是对立的。就一定范围、一定客观对象来说，真理就是真理、谬误就是谬误，二者有本质区别，不能混淆。其次，真理与谬误又是相互联系的。真理与谬误是想比较而存在的，没有谬误也就无所谓真理。再次，真理的发展也是通过与谬误的斗争来实现的。真理的每一个进步都意味着谬误被批驳、被放弃、被真理所取代。最后，真理与谬误在一定条件下相互转化。真理与谬误的区别和对立并不是绝对的，任何真理都是在一定范围、一定条件下才能够成立，如果超出这个范围，失去了特定条件，它就会变成谬误"[①]。

二、批判杜林形而上学的道德观，阐明马克思主义的道德观

杜林在永恒真理观的基础上建立了永恒的道德观，他认为道德是适用于一切时代、一切社会和一切阶级的。恩格斯通过论述道德的历史性和阶级性批判了这种形而上学的超阶级和超历史的道德观：

首先，恩格斯认为，道德原则都是历史的产物，永恒的道德原则是不存在的，善恶观念是从一个民族到另一个民族、从一个时代到另一个时代不断地变化发展的，所以它们是相互直接矛盾甚至是相互冲突的，在一定历史时期产生的道德原则都是暂时的，都是当时社会经济状况的产物，当社会由一种社会形态转变到另一个历史阶段时，道德也会相应地发生变化，它们只是有的保持时间长些，有的保持时间短些。例如，社会主义倡导的全心全意为人民服务，不仅适用于社会

---

① 《马克思主义基本原理概论》，高等教育出版社 2010 年版，第 76 页。

主义历史阶段，而且到共产主义时代也是适用的；资产阶级倡导的个人主义道德观，到了社会主义社会就会被取代。

其次，恩格斯在论述道德的阶级性时指出，现在社会的封建贵族、资产阶级和无产阶级都有各自特殊的道德，而且人们总是从他们的阶级地位所依据的实际关系，即生产和交换的经济关系中产生自己的道德观念，"道德始终是阶级的道德；它或者为统治阶级的统治和利益辩护，或者当被压迫阶级变得足够强大时，代表被压迫者对这个统治的反抗和他们的未来利益"[1]。例如，在资本主义社会中，道德作为上层建筑是以资本主义所有制为基础产生的，因此，资产阶级道德的作用是巩固资产阶级的统治，维护资本主义所有制。阐明了道德的阶级性后，恩格斯接着指出，我们现在所讲的一切道德进步是指阶级道德的进步，还没有超出阶级道德的范围，而且，超越阶级对立的真正人的道德，只有在既消灭了阶级对立，又使人们在实际生活中也忘却这种对立的社会发展阶段才是可能实现的。

恩格斯在揭露杜林超历史和阶级的永恒道德观的实质时批判的指出："他竟在旧的阶级社会中要求在社会革命的前夜把一种永恒的、不以时间和现实变化为转移的道德加于未来的无阶级的社会！"[2] 也就是说，杜林企图把他宣扬的资产阶级和小资产阶级道德，强加给无产阶级以及由无产阶级建立的未来社会，实现资产阶级和小资产阶级的永恒道德，并用来反抗无产阶级革命，维护资本主义制度。马克思主义认为道德具有历史性和阶级性，属于社会意识形态的范畴："道德是调整人们之间以及个人和社会之间关系的行为规范的总和，是依靠社会舆论、人们的信念、习惯、传统和教育来起作用的精神力量。道德是一定生产方式的产物，是对经济基础比较直接的反映。道德具有

---

① 恩格斯：《反杜林论》，人民教育出版社 1970 年版，第 91 页。
② 恩格斯：《反杜林论》，人民教育出版社 1970 年版，第 92 页。

历史性,不同时代具有不同的道德观念,永恒不变的道德是不存在的。道德具有继承性,一个国家或民族的传统美德在现实生活中具有重要影响和意义。"①

第八节　关于平等观念的认识

杜林将社会分解为最简单的要素即两个人,按照公理让他们打交道,并认为社会中的两个人是完全平等的,最后得出结论一个人不能把自己的任何要求强加给另外一个独立的人。杜林的这种把超阶级、超历史、适用一切世界和一切时代的平等看作道德和法律的基本形式。恩格斯在《反杜林论》中进一步批判杜林在道德和法方面的错误观点,批判了他在研究道德和法的问题上应用的先验主义方法,揭露了他超阶级平等观的实质,阐述了马克思主义的平等观。

一、批判杜林对道德和法的研究上坚持的先验论的方法

杜林对道德和法的研究采取和其他方面一样的研究方法,即先把认识对象分解为最简单的要素,然后用数学的方法应用在这些最简单的要素上,最后得出结论,并把数学上的正确性转移到这些结论中,把它们看成是永恒真理,进而把这些真理应用于社会。恩格斯指出,这种方法是以前被称为玄想的或先验主义的方法的另一种表现形式,

————————

① 《马克思主义基本原理概论》,高等教育出版社2010年版,第96页。

这种方法不是从客观事物本身出发对其进行研究，而是通过分析对象的概念推导出对象的特性。这种先验主义的方法颠倒了现实和观念之间的关系，脱离客观现实，用观念去衡量现实。杜林从这种片面的方法出发构造出道德和法的体系，认为道德和法的理论体系是超历史、超阶级、适用于一切世界和一切时代的永恒真理。

恩格斯用唯物主义历史观批判这种先验主义的方法：社会存在是第一性的，社会意识是第二性的，不是社会意识决定社会存在，而是社会存在决定社会意识。而且，杜林对道德和法的先验主义研究虽然极力摆脱现实，但现实中仍然有其存在依据："第一，是在那些被当作基础的抽象中可能存在的现实内容的一点点残余，第二，是我们这位玄想家从他自己的意识中再次带进来的那种内容"①，其中，杜林自己意识中的再次带进来的那种内容，既有可能是自己的空想、从有关文献中抄袭的内容，也有可能包含从他所处的社会关系和政治关系中形成的道德和法的观念。因此，恩格斯说：杜林把历史现实从大门扔出去，却又从窗户中取回来。

二、批判杜林超阶级的平等观

杜林按照先验主义的数学方法，将社会分解为最简单的要素即两个人，按照公理让他们打交道，这样就会产生一个公理：社会中的两个人是完全平等的，因此一个人不能把自己的任何要求强加给另外一个独立的人。杜林把两个人之间这种超阶级、超历史、适用于一切世界和一切时代的平等看作道德和法律的基本形式。恩格斯对这种平等观进行了批判：

---

① 恩格斯：《反杜林论》，人民教育出版社1970年版，第93页。

首先，恩格斯认为，两个人的意志彼此完全的平等不仅不是公理，而且实际上有些过度的夸张。因为现实社会不管是出于原始社会还是阶级社会这都不可能真实存在。而且即使有两个意志完全平等的人，我们也不能保证他们性别上的平等。如果是两个异性，即使杜林也不可能从原始的家庭中构造出关于男女在道德上和法律上的平等地位；如果是两个同性，则永远生不出小孩，社会还是构建不起来；而且，即使我们假设他们都是家长，那也只能证明家长之间是平等的，这样就不会涉及到妇女和子女的平等问题，当然也就不能证明整个人类社会是平等的。此外，尽管杜林在论证政治、经济问题时就习惯借助于这两个脱离社会关系的抽象人，但这并不是他首创的方法，它们是18世纪所共有的。卢梭在《论人间不平等起源和原因》时，用抽象的两个人证明私有制是出现贫富差距的原因；亚当·斯密到李嘉图举渔人和猎人的例子说明人们在交换产品时是不平等的。杜林的"独到"之处是把这种举例说明的方法看作一切社会科学的基本方法和一切历史形态的尺度，这显然是把复杂的问题简单化的不科学行为。杜林强调两个人是彼此完全平等，任何一方都不能命令另一个人，那么这两个人必须"摆脱了一切现实，摆脱了地球上发生的一切民族的、经济的、政治的和宗教的关系，摆脱了任何性别的和个人的特性，以致留在这两个人身上的除了人这个光秃秃的概念以外，再没有别的什么了"①，因此，他们实际是杜林召来的幽灵，因此跟现实世界中的人没有关系。

其次，杜林认为，在两个完全平等的人中，任何一个不能向另一个提出任何肯定的要求，如果提出要求，并且通过暴力的方式实现了这种要求，那么就是不平等的。恩格斯认为，"不平等是社会发展到

---

① 恩格斯：《反杜林论》，人民教育出版社1970年版，第95页。

一定阶段的必然产物，只要存在经济关系上的不平等，即使不使用暴力，也会产生意志上的从属"①，并举例论证了自己的观点：卢梭在《论人间不平等的起源和原因》中指出：A 不能用暴力来奴役 B，那么就只能使 B 处在不能缺少 A 的状态的办法实现对 B 的奴役，实际上就是让 B 在经济上依赖 A。恩格斯说这种通过经济来分析平等的唯物主义方法超出了杜林所能理解的范围，于是把卢梭的例子换了一种表达方式：两个舟破落海的人漂流到孤岛，A 果断有毅力，B 优柔、懒惰和萎靡不振，生活资料的获得能力使一方不得不依赖于另一方，这同样不是通过暴力实现的，而是通过说服、习惯和自愿的方式实现。类似的例子还有很多，但他们都不是通过暴力导致不平等，因此杜林认为没有暴力两个人就是完全平等的观点是片面的。

最后，恩格斯指出，杜林研究道德和法时，用脱离实际而抽象的两个人阐述超阶级、超历史和超现实的平等观，当这种"完全平等"的观点应用到现实世界中具体的人身上就会出现自相矛盾的地方，并列举了他在平等问题上的 3 个矛盾：

退却之一：杜林提出"也存在着可以允许的隶属关系，但是它们存在的原因不应当到两个意志本身的活动中，而应当到第三领域中去寻找，例如对儿童来说，就应该到他们的自我规定的不足中去寻找"②。恩格斯的批判认为：杜林在分析问题时，不仅严重脱离了现实，而且还把意志这种抽象的东西看作是"第三领域"。虽然杜林主张成年人和儿童的不平等应当到儿童"自我规定的不足中去寻找"，但毕竟他承认对于缺乏自我规定的意志来说，平等是无效的。

退却之二：杜林说，一个有兽性的人和一个有人性的人"在道德上不平等"，在实际交往中要使有兽性的人服从有人性的人。恩格斯

---

① 《〈反杜林论〉释注》，山东人民出版社 1982 年版，第 117 页。
② 恩格斯：《反杜林论》，人民教育出版社 1970 年版，第 97 页。

批判说，人是由动物进化来的，所以不能完全摆脱兽性，区别只在于摆脱的多些或少些，因此不能把人区分为有兽性和没兽性。而且，现实生活中人在道德上完全平等也是不可能的，对人进行道德和不道德的划分也是不科学的。但是，这些对我们来说都是无所谓的，真正使我们感兴趣的是承认由于人们之间的道德上的不平等，平等再一次化为乌有。

退却之三：杜林认为，一个人按照真理和科学行动，另一个人按照迷信或偏见行动，这两个人就处于精神不平等的状态，在实际行动中后者要服从于前者。恩格斯认为，不管是退却二中的道德不平等，还是现在的精神不平等，它们都不能实现杜林所倡导的"完全平等"，而且，根据道德不平等的主张，文明的掠夺国对落后地区的掠夺是正当的。杜林一开始通过公理建立平等观，现在却说"精神上不平等的人之间暴力和压服对于平等化是必要的，需要通过暴力来实现平等化"，[①] 并且把异己的意志通过暴力实现的平等化看作是有平等权利的。而且，杜林提倡的平等观是资产阶级和小资产阶级的平等观，它用表面抽象的平等，掩盖了事实上的不平等，把资产阶级对无产阶级的剥削看作是正义的、平等的，实际上是通过宣扬资产阶级的平等观维护资产阶级的统治。

三、论述平等观的历史发展，并对资产阶级和马克思主义的平等观进行分析

在对杜林平等观进行分析的基础上，恩格斯批判了杜林资产阶级的平等观，接着又开始用历史唯物主义的观点来考察平等观的历史发

---

① 《〈反杜林论〉释注》，山东人民出版社1982年版，第119页。

展和阶级实质，科学地阐述了马克思主义的平等观。

平等观是社会历史发展的产物，不同时代，不同社会，平等观的具体内容也是不同的。"在原始社会，平等观念是人具有共同点意义上的平等"①，也就说，所有的人作为人来说，都有某些共同点，在这些共同点所涉及的范围内，他们是平等的。在原始社会末期，由于生产力的发展、私有制和奴隶的出现，当时只有男子之间的平等，奴隶、妇女和外地人没有自由。进入奴隶社会后，不平等现象加剧，除去奴隶之外的自由人，或者更准确地说，只有奴隶主之间存在着平等。在奴隶社会产生的原始基督教，只承认一切人由于他们的祖先犯了原罪而遭受苦难这一点是平等的。封建社会，不仅农奴和地主之间没有平等的权利，而且在统治阶级内部各阶级之间也是不平等的。在封建社会后期逐渐产生了资本主义，这时资产阶级平等观逐渐产生。

资产阶级平等观的产生有其历史条件和经济根源，"首先是商品经济的发展，为资本主义的原始积累准备了条件；其次，工场手工业的发展，促使了资产阶级生产方式的形成；再次，商品经济的价值规律表明，人们的劳动虽然创造不同的使用价值，但作为脑力和体力的支出是彼此相等的，因而产生了按平等的原则交换人们劳动的平等权利，资本主义生产方式的发展，要求实现上述的平等权利"②。资产阶级平等观实质上是资本主义生产关系的反映，它用法律面前人人平等掩盖了社会经济的不平等、剥削阶级和被剥削阶级事实上的不平等。

无产阶级平等观的产生，"从消灭阶级特权的资产阶级要求提出的时候起，同时就出现了消灭阶级本身的无产阶级要求——起初采取

---

① 曹玉文，曹林，马云鹏：《〈反杜林论〉哲学编讲义》，黑龙江人民出版社1985年版，第307页。

② 曹玉文，曹林，马云鹏：《〈反杜林论〉哲学编讲义》，黑龙江人民出版社1985年版，第309页。

宗教的形式，以早期基督教为凭借，以后就以资产阶级的平等论本身为依据了"①。无产阶级的平等观和资产阶级的平等观是同时产生的，它利用资产阶级的东西反对资产阶级，因此无产阶级和资产阶级在平等观上是根本对立的。无产阶级只有解放全人类才能解放自己，这不仅要求废除阶级特权，消灭阶级差别，而且要废除私有制，建立公有制，实现全人类的真正平等。而且，无产阶级提出平等观具有双重意义，或者是对社会不平等自发的反映，是革命本能的简单表现；或者是从对资产阶级平等要求的反应中产生的，汲取其中正确部分发动工人反抗资产阶级的手段，这种情况下，它和资产阶级的平等本身共存亡。

恩格斯强调平等观是历史发展的产物，它的产生和发展要以一定历史条件为前提，在不同的时期具有不同的表现形式，不存在永恒的平等观，但无产阶级平等观由于适合人类社会的发展需要，因此是有史以来最进步的。

第九节　关于自由与必然的认识

杜林指出自由和必然的关系与道德和法的问题紧密关联，并认为自由就是认识和冲动、悟性和非悟性的之间的平均值，而且在性质和大小上是应该予以估计的。在《反杜林论》中，恩格斯批判了杜林在法学上的无知，批判杜林对自由和必然关系的错误把握，科学地阐述了自由和必然的辩证关系。

---

① 恩格斯：《反杜林论》，人民出版社 1970 年版，第 104 页。

一、揭露杜林在法学方面的无知

杜林在一开始就强调"不仅用了大学理论准备通常所需的三年时间，而且还在往后的三年审判实践中，继续进行了研究，特别是在加深它的科学内容方面进行了研究"①。恩格斯指出他这样做的目的无非是想引起人们对他的信任，但无论在法学理论还是对具体案例的分析中，杜林一直在向人们展示他的无知：

首先，杜林首先阐述了他对私法关系的判断："在科学上，法学……前进得不远；成文的民法是不正义，因为它确认以暴力为基础的所有制；刑法的'自然基础'是复仇"②。恩格斯认为他除了"自然基础"这件外衣是新东西，其他方面并没有创新。恩格斯批判杜林认为资产阶级民法确认的是以暴力为基础的所有制，阐明私有制是经济发展的产物；而且杜林认为自然基础是复仇，是3个脱离阶级的男人中一个如何剥削压迫另两个的问题，实质是掩盖了剥削阶级刑法的阶级性。马克思认为在阶级社会中，法律是为剥削阶级服务的，是剥削阶级意志的体现。

其次，恩格斯用具体事实批判杜林的无知。例如，通过杜林对拉萨尔案件的分析，揭露了他对法兰西法的无知。拉萨尔在充当一件离婚案的妻子方面的律师期间，曾从离婚案的丈夫那里顺手拿走过一个估计装有文件的首饰匣子，离婚案的丈夫将他控告，最后被判无罪。杜林认为拉萨尔是"由于策动盗窃首饰匣的企图"被控告，而且最后法院宣判的无罪实际上是"半宣判无罪"。恩格斯指出，法兰西法中没有关于"策动犯罪企图"的条文，而是规定"教唆犯罪"，也没有

---

① 恩格斯：《反杜林论》，人民出版社1970年版，第105页。
② 恩格斯：《反杜林论》，人民出版社1970年版，第106页。

"半宣判"的条文，而且审判拉萨尔的法庭虽然属于普鲁士，但因为1848 年 4 月后开始实行法兰西法，杜林用普鲁士法的条文加于法兰西法，暴露了杜林对历史的无知；恩格斯通过评论杜林所认为的在完美社会里才有陪审员一职的原则，阐明在黑暗的中世纪英国就存在这一原则，而且现在的使用范围比想象中的大得多，批判杜林对英吉利法的无知；而且，恩格斯"从杜林的所谓现行法的混乱状况的攻击中，揭露杜林对现行法的无知；用公开审判的事实，揭露杜林对英吉利法的无知；从杜林对教会干预民事的抱怨中，揭露他对现代普鲁士法的无知"[①]。

二、批判杜林关于自由和必然的关系，科学地阐明二者的辩证关系

杜林指出不谈自由和必然的关系就不能很好地讨论道德和法的问题，于是他先提了关于自由的两个定义：一是指自由就是认识和冲动、悟性和非悟性的之间的平均值，而且在性质和大小上是应该予以估计的。恩格斯批判指出：这个定义把自由这种纯主观的东西看作脱离客观和必然的规律而存在的，只与认识和本能的冲动有关，当合理的冲动把人拉向右边，不合理的冲动将人们拉向左边时，人们要按照平行四边形的对角线方向前进，显然人的行动受到认识和本能冲动的制约是不自由的。而且，每个人自由程度的大小和性质可以被估计，即通过"人差"来区分，而这种人差又是通过人们的主观来评判的。所以第一个定义是唯心主义的。二是指自由是悟性对自觉动机的感受，所有的动机，不管如何察觉到行动中可能存在的对立，总是以不可避免

---

① 曹玉文，曹林，马云鹏：《〈反杜林论〉哲学编讲义》，黑龙江人民出版社1985 年版，第 322～323 页。

的自然规律性起着作用。在这里，杜林认为自由并不是主观的，它和自然规律即必然之间是有联系的。杜林对自由的这个定义，不再认为自由是纯主观的，与第一个定义出现自相矛盾，但它虽然提到必然，却并没有对二者的辩证联系进行论述，只是对黑格尔观念的极端庸俗化。黑格尔是第一个对自由和必然的关系进行正确论述的人，他认为自由是对必然的认识。但是，我们还要意识到，黑格尔是一个唯心主义者，在他的论述中存在着不可避免的矛盾，"他所说的必然是指绝对观念的一种属性，必然性就是概念本身，他所说的自由是个人精神范围内的自由，而不是指人民群众从社会和自然的奴役下解放出来的自由"[1]。

恩格斯在批判杜林的观点后，阐述了马克思主义关于自由和必然关系的科学观点。必然性是事物发展过程中确定不移的趋势，是由事物的根本矛盾决定的，体现事物发展的本质联系和发展前途，自由是根据对客观规律的认识取得支配我们自己和外界事物的主动权，因此必然不仅不排斥人的自由，而且是人实现自由的前提条件和客观依据。人们只有先认识了客观世界的必然性，认识世界，才能在实践活动中按客观规律办事，能动地改造世界，实现行动上的自由。而且，必然是历史的产物，文化的每一次进步都是对自由的接近，恩格斯指出"不再有任何阶级差别，不再有任何对个人生活资料的忧虑，在这种制度下第一次能够谈到真正的人的自由，谈到那种同已被认识的自然规律相协调的生活"[2]，但这并不意味着人们实现共产主义后不再需要认识和改造客观世界，而是实现必然王国向自由王国的转变，为进一步地认识和改造客观世界争取更大的空间。

杜林在对待历史的态度上截然不同，他认为历史就是作为谬误、

---

① 《〈反杜林论〉释注》，山东人民出版社1982年版，第127页。
② 恩格斯：《反杜林论》，人民出版社1970年版，第112页。

无知和野蛮、暴力和奴役的历史，从物质自身等同的状态到法国革命的历史更是这样，虽然从法国革命到他所处的历史时期已经开始孕育着社会主义因素，但是它在实质上还是反动的。杜林认为到目前为止的历史是没有多大意义的，恩格斯批判地指出，它建立了全部以后的最高的发展的基础；杜林还认为以前的历史时期是我们的制度在精神上不成熟的幼稚状态，在这个不成熟的幼稚状态的基础上我们能发现最后的、不变的真理和根本性的概念，恩格斯批判地指出既然是幼稚状态却产生了永恒真理，这显然是荒谬的。

三、批判杜林在论述生活的个人化和生活价值的提高方面的错误观点

杜林认为，人们要想在生活的感觉上提高，不能依赖于生活状态的持续不变，而要通过从一种生活状态向另一种生活状态的转变才能实现。生活状态的一成不变就像停留在一种平衡状态，它对于证明生命是存在的没有多大意义，而且，人们习惯了的生活状态和死亡状态是没有多大差别的，只不过比死亡多了些无聊的痛苦。在这种停滞的生活中，人们对存在的一切热情和一切兴趣都会熄灭。但是，所有这些现象都可以从我们的差异规律中得到说明。恩格斯指出，杜林所说的差异规律实际上是我们在平时生活中的一些陈词滥调，就像对同一神经的持续刺激或同一刺激的延续会使神经系统疲劳，所以对神经系统的刺激要经常有些间断和变换。而且，杜林还为自己的差异规律找了两种表现：其一，年龄的增长以及与此相关的生活条件的变化，人们在婴孩、儿童、青年和成年的固定状态中得到的生活感觉比从一种状态向另一种状态的转变中得到的要少得多。其二，经过证实的或做过的事情的重复是没有吸引力的，这是差异规律在更大范围的体现。

杜林举出的这两个表现都是片面的：首先，年龄的增长使人们能够经历不同人生阶段，这是生命活动的一种必然性，并不是人们为了使生活的感觉更好而做出的一种自由选择的结果。其次，有些时候，事情的重复即使是没有吸引力，人们也不能单纯为了追求生活感觉的提高而不去进行这种重复。就像人们每天要不断地重复吃饭，这虽然有些时候会让人感到没有吸引力甚至是无聊，但却是维持所有生命活动所必须进行的重复。

随后，杜林又把最乏味的陈词滥调作为实际生活原则："就是要按照自然旋律有节奏的更换兴趣，用高级的刺激代替低级刺激，不要过度紧张，不要轻易满足，不要抽烟，不要吃令人厌恶的饮料和食物。"[1] 恩格斯指出这种观点已经达到了"纯粹儿戏的高度"。

第十节　关于矛盾和质量互变规律的认识

杜林把矛盾经验化地理解成按相反方向互相抗衡的力是世界以及存在的生物一切活动的基本形式，并认为矛盾辩证法是无意义的。对此，恩格斯在《反杜林论》中批判杜林在矛盾规律和质量互变规律中存在的形而上学观，并科学地阐述了马克思主义关于矛盾和质量互变规律的基本原理。

一、批判杜林关于矛盾问题的形而上学观

杜林《哲学教程》中讲道，矛盾只能是归属于思想组合，而不能

---

[1] 《〈反杜林论〉释注》，山东人民出版社 1982 年版，第 129 页。

归属于现实，按相反方向互相抗衡的力是世界以及存在的生物一切活动的基本形式，而且矛盾辩证法被证明是无用的。在《批判史》中，杜林批判了黑格尔的矛盾辩证法。黑格尔认为矛盾不仅是主观地和自觉地存在于思维中，而且也客观地存在于事物及其发展过程中。杜林批判这种观点是从天启神学和神秘主义中抄袭来的，从而得出结论：矛盾＝背理，因此在现实世界是不可能存在的。恩格斯批判杜林运用形而上学的观点考察矛盾问题：

首先，恩格斯指出，当人们把事物看作没有生命的东西，它们自身不发生运动、没有前后相继的不同发展阶段，而且彼此之间没有任何联系的时候，是不存在矛盾的，杜林就是用这种形而上学的方法，用孤立、静止和片面的观点看问题，因此他不承认矛盾的存在。但是，现实世界并不是形而上学地存在着，当我们从事物的运动、变化和生命的相互联系、相互作用方面考察事物时，情形就完全不同了。而且，正因为现实的世界不是形而上学地存在着，因此要用辩证的方法来研究矛盾。运动本身甚至简单的机械运动都是矛盾，因为物体始终在时空中运动，在某个瞬间，它既在一个地方又在另一个地方，因此运动就是矛盾。杜林不能理解作为矛盾的运动，但当他断言运动是不能理解时，实际上他本人就违反自己的意志承认了这种矛盾的存在。也就是说，杜林承认有一种客观地存在于事物和过程本身中的矛盾，而且这是一种实际的力量。

其次，简单机械运动中包含着矛盾，那么有机体的存在和发展就更加包含着矛盾。生命由于无时无刻不在进行着新陈代谢，因此，在每一瞬间，它既是自身又是他物，这正是矛盾自行产生又自行解决的过程，当矛盾停止时，意味着生命体的死亡。而且，这个道理同样适用于人的思维发展，整个人类的认识能力是无限的，但在具体实践过程中，由于受到外部客观条件以及每个具体的人的主观认识能力的限制，人们的认识往往要经过一个从实践到认识，再从认识到实践的不断反复和无限发展的过程。

此外，在数学方面也充满着矛盾。例如，高等数学主要基础之一的就是一个矛盾，一定条件下，直线和曲线应当是一回事；高等数学还认为，两条相交的线，在离开交点五六厘米后就被认为是平行的并且不会再相交。这些看上去极其荒唐的观点利用矛盾达到了初等数学达不到的高度。而且并不只有高级数学中存在着矛盾，初等数学也充满着矛盾，例如：一个数的根同样是这个数的幂是相矛盾的，但一个数的根确实等于这个数的 1/2 次幂。为了研究变数将辩证法引进数学领域，促进了数学的发展，而变数对常数的数学关系类似于辩证法对形而上学的关系。

杜林关于力的对抗只是说了空话，并没有提出具体的观点。而且，他还把黑格尔的"本质论"降低为按照相反方向运动而不是在矛盾中运动的力的陈词滥调。所以恩格斯只能批判他在关于矛盾问题上的形而上学，并通过大量事实证明矛盾是客观存在的。此外，矛盾还具有普遍性：它存在于一切事物中，存在于一切事物发展过程的始终，旧的矛盾解决了，新的矛盾又产生，事物始终在矛盾中运动。但杜林在批判《资本论》时坚持形而上学的观点，认为"一切都是一个东西"，恩格斯批判认为，既然一切都是一个东西，不存在辩证的运动，那么资本家和雇佣工人，封建主义、资本主义和社会主义"都是一个东西"，马克思和杜林也"都是一个东西"。恩格斯还批判了杜林在论述自己观点时用到的"总括方法"，它把一切具体事实都省略，这样就不用去证明什么，而只用空话来论断，并且不给对方立足点，使对方不能回答。

二、批判杜林关于质量互变规律的形而上学观

杜林用他所理解的质量互变规律歪曲马克思的资本概念。他认为马

克思借用黑格尔关于量转变为质的模糊观念，把资本定义为预付款的积累达到一定界限后的产物，是滑稽的。恩格斯反驳说，这种对资本的定义不是马克思的观点，马克思研究不变资本、可变资本和剩余价值时指出："不是任何一个货币额或价值额都可以转化为资本，相反地，这种转化的前提是货币所有者或商品所有者手中有一定的最低限额的货币或交换价值。"① 而且恩格斯针对杜林对马克思的指责进行了批驳：

首先，恩格斯指出，并不是任何微小的价值额都可以转变为资本，只有当价值额达到不同时期的不同部门所要达到的最低限度时，才能被称为资本。例如：某一生产部门，如果一个人剥削雇佣两个劳动者获得的剩余价值使他和这两个工人的生活水平一样，他还不能被称为是资本家，他购买原料、劳动资料和劳动力的那部分价值额还不能被当作资本，因为资本主义生产的目的是增殖财富，所以他必须把获得的剩余价值拿出一半转化成资本，扩大再生产。当他为了使自己的生活比工人好一倍时，就必须有雇佣 8 个工人的能力，拥有以前 4 倍的价值额。这里的"以前 4 倍的价值额"就是价值转化为资本的限额。

其次，杜林指责马克思根据黑格尔量转变为质的模糊概念解释资本的形成，恩格斯反驳指出，马克思说："只有当价值额达到虽然因条件不同而各异但在每一个别场合都是一定的最低限量时，它才能转化为资本——这一事实是黑格尔规律的正确性的证明。"② 因此杜林把关系弄反了，不是马克思用黑格尔的观点来定义资本，而是资本的概念恰好证明黑格尔量变引起质变的正确性，而且，马克思的质量互变规律也不是根据其他任何原理或规律得来的，它来源于客观世界。

再次，杜林进一步硬说马克思所讲的是任何一种"预付"都能转化成资本，但马克思实际上仅仅指的是用于原料、劳动资料和工资上

---

① 恩格斯：《反杜林论》，人民出版社 1970 年版，第 122 页。
② 恩格斯：《反杜林论》，人民出版社 1970 年版，第 123 页。

面的预付，而且在不同时期、不同工业部门之间都各自拥有不同的最低限额。

最后，恩格斯在反驳了杜林的错误观点后，进一步深刻地论述了质量互变规律及其客观性和普遍性。质量互变规律主要表现在："第一，量变是质变的必要准备。任何事物的变化都有一个量变的积累过程，没有量变的积累，质变就不会发生。第二，质变是量变的必然结果。单纯的量变不会永远持续下去，量变达到一定程度必然引起质变。第三，量变和质变是相互渗透的。一方面，在总的量变过程中有阶段性和局部性的部分质变；另一方面，在质变过程中也有旧质在量上的收缩和新质在量上的扩张。量变和质变是相互依存、相互贯通的，量变引起质变，在新质的基础上，事物又开始新的量变，如此交替循环，形成事物质量互变的规律性。质量互变规律体现了事物发展的渐进性和飞跃性的统一。"[①] 而且，质量互变规律是客观地和普遍的，它渗透在现实生活的方方面面，例如：在自然界，水在标准大气压下，在0℃时可以由液态转变为固态，在100℃时从液态转变为气态，"0℃"和"100℃"仅仅温度上的量变就使水的状态实现了质变；在人类社会，一个人的力量是弱小的，而多个人的力量积累就会产生巨大的力，这样就发生了质变形成了一个新的力量，并且，这个新力量不仅仅是多个人力量的简单相加。

第十一节　关于否定之否定规律的认识

杜林在其著作中间接否定社会主义社会的必然性，认为在未来会

---

① 《马克思主义基本原理概论》，高等教育出版社 2010 年版，第 46 页。

有一种既是个人的又是公共的所有制的社会将占据统治地位。恩格斯在《反杜林论》中批判杜林对否定之否定规律的攻击，揭示否定之否定规律的普遍性和客观性，对比辩证否定观和形而上学否定观，科学地阐明了唯物辩证法的内涵。

一、批判杜林对否定之否定规律的攻击

杜林批判马克思运用黑格尔否定之否定观点证明社会革命、建立土地公有制和劳动所创造的生产资料的公有制的必然性，从而运用从宗教领域中抄袭来的荒唐类比创造自己的社会主义理论，并得出结论：在未来社会，一种既是个人的又是公共的所有制，即黑格尔被扬弃的矛盾的更高的统一，将占据统治地位。

恩格斯反驳了杜林对马克思"既是个人的又是公共的所有制"的指责。恩格斯指出马克思并没有提出过这种主张，这只不过是杜林为了歪曲马克思所做的编造。为了更加直接地对杜林的观点进行批判，恩格斯引用了马克思对资本主义积累的历史趋势的研究：资本主义生产方式确立之前，封建社会以自己劳动为基础的个人私有制为主，资本主义制度的确立实现了第一个否定，将这种个人私有制转变为资本主义私有制，随着资本主义私人占有和社会化大生产之间矛盾的不断加剧，无产阶级将进行革命，建立社会主义，从而将资本主义私有制转变为以土地和靠劳动本身生产的生产资料的公有制为基础的个人所有制，这是第二个否定。而且这里讲得很清楚，社会主义确立的是土地和其他生产资料的公有制以及产品占有的私有制，与杜林的"既是个人的又是公共的所有制"有明显的区别。

杜林捏造说没有黑格尔否定的否定作"拐杖"和"助产婆"就不能证明社会革命的必然性。社会主义革命的必然性来源于现实世界的

客观需要，是社会历史发展的必然产物。即使没有黑格尔的理论，只要条件成熟它的发生仍然是必然的。

二、科学论证否定之否定规律

恩格斯指出：否定之否定是一个极其普遍的，因而极其广泛起作用的规律，是贯穿于自然、历史和思维的重要发展规律。并引用了大量事实说明它的客观性和普遍性。

首先，否定之否定规律广泛应用于自然界。以大麦粒生长过程为例，作为一粒麦粒它被埋进土壤，在适宜的水分和温度下，开始发芽，这是第一次否定，麦粒消失；然后嫩芽继续生长，直至麦粒成熟植物死亡，实现第二次否定，作为否定之否定的结果，我们就有了比以前多几十倍的麦粒。这是否定之否定规律在植物方面的应用，我们再以蝴蝶为例，蝴蝶通过卵的否定从卵中产生，一直发展到性成熟后开始交尾且又被否定，即雌蝴蝶繁殖过程完成产下很多卵后，它们就死亡。除此之外，这一规律还被广泛地应用在地质学、气象学等领域。

其次，否定之否定规律被广泛应用于数学领域。取任意的一个代数式 a，我们对它进行第一次的否定就变成 $-a$，如果我们继续否定这一否定就变成 a 的二次幂阶段。这样经过两次否定 3 个阶段，实现否定的否定，而且这一规律不仅在初等数学，在高等数学中仍然是被广泛应用的。

再次，在人类社会和哲学发展中，否定之否定规律也起着重要作用。否定之否定规律在人类社会的应用，像前面说明的，恩格斯为了反驳杜林的捏造所论述的资本主义积累的过程。在哲学方面，古希腊和罗马的哲学是原始的自发的唯物主义，它没有彻底了解思维和存在的辩证关系，把灵魂看作是不死的，这种自发的唯物主义最后被唯心主义否定了，而随着哲学的进一步发展，唯心主义又被现代唯物主义所否定。而且，唯物主义自身的发展也是一个否定之否定的规律，经过两次否定，实现了从古代朴素唯物主义到近代形而上学唯物主义，最后发展为辩证唯物主义。

此外，恩格斯指出，卢梭的平等也体现了否定之否定规律。在原始社会中，处于自然和野蛮状态中的人是平等的，随着社会的发展，彼此平等、具有兽性的人出现了趋于完善化的能力，由于这种能力的差异，出现了不平等，这是第一次否定，出现人们地位的差别；文明的每次前进都伴随着不平等的前进，为了保护自己的自由，国君开始压迫人民，并且当这种压迫达到被压迫者所能容忍的极限时，人民就会起来革命，重新实现平等，这是第二次否定。这样，不平等又重新转变为平等，但不是重新回到没有语言的原始人所拥有的旧的自发的平等，而是转变为更高形式的社会契约上的平等，使压迫者被压迫。这就是否定之否定。

恩格斯所使用的是辩证的说法："按本性说是对抗性的、包含着矛盾的过程，每个极端向它的反面的转化，最后，作为整个过程的核心的否定的否定。"[①] "事物的辩证发展过程是经过第一次否定，使矛盾得到初步解决。而处于否定阶段的事物仍然具有片面性，还要经过再次否定，即否定之否定，实现对立面的统一，使矛盾得到解决，事物的辩证发展就是经过两次否定、3 个阶段，形成一个周期。否定之否定的基本内容是：第一，否定是事物的自我否定，是事物内部矛盾运动的结果；第二，否定是事物发展的环节。它是旧事物向新事物的转变，是从旧质到新质的飞跃。只有经过否定，旧事物才能向新事物转变。第三，否定是新旧事物联系的环节，新事物孕育产生于旧事物，

---

① 恩格斯：《反杜林论》，人民出版社 1970 年版，第 138 页。

新旧事物是通过否定环节联系起来的。第四，辩证否定的实质是'扬弃'，即新事物对旧事物既批判又继承，既克服其消极因素又保留其积极因素。否定之否定规律揭示了事物发展的前进性和曲折性的统一，使事物的发展呈现出波浪式的前进或螺旋式上升的总趋势。"①

形而上学的否定观是指肯定一切或者否定一切。把大麦粒磨碎我们就彻底否定了它，同样的道理，把昆虫踩死我们就彻底否定了昆虫，这些都与形而上学思维的狭隘性相符合，在辩证法中，否定不是直接简单地说"不"，或宣布某一事物不存在，或用任何一种方法把它彻底消灭，而是应当不仅有否定，还有对这个否定的扬弃，即在做第一个否定时，必须使第二个否定有发生的可能或者将有可能发生。

最后，恩格斯指出：我们在知道什么是辩证法以前，就已经辩证的思考问题，就像人们在散文这个名词出现以前，就已经在用散文讲话一样。否定之否定这个规律在自然界、人类社会和思维中起着重要作用，而在它被认识以前，也已经在我们头脑中不自觉地起着作用。

第十二节　结　论

从《反杜林论》中的第三章至第十三章，恩格斯主要对杜林《哲学教程》中的哲学体系进行了概括的批判，即世界模式论、自然哲学和关于人的哲学，指出杜林的观点都是"纯粹的欺人之谈"，揭示了杜林在思维方式上的局限性。

杜林哲学体系的第一部分是"世界模式论"，它被看作黑格尔逻

---

① 《马克思主义基本原理概论》，高等教育出版社 2010 年版，第 47 页。

辑学的一个肤浅的无以复加的复制品，杜林提出存在是先于自然界和人类社会而存在的这个唯心主义先验论的观点、世界统一于存在的唯心主义和折衷主义观点。哲学体系的第二部分是"自然哲学"，杜林首先提出了物质的自身等同状态来论证时空的有限性、宇宙永恒不变和天体演化学、物理学和化学中形而上学的运动观，并且企图找到一座从不动到动的桥，从而借助上帝陷入神秘主义，在对有机界的研究中，杜林把达尔文的生存斗争和自然选择看作一种与人性对抗的兽性，并对有机体的生命特征进行了片面的分析。哲学体系的第三部分是"关于人的学说"，主要研究的是道德和法的问题，杜林提出了永恒的真理，超阶级、超历史的平等观，并割裂了自由和必然的关系，暴露了他唯心主义的道德观和法律观。

恩格斯通过对杜林哲学体系的批判，揭示了他思维方式上的局限性。杜林认为他是在思维方式上"排除主观上受限制的世界观"的任何倾向的哲学家。但是杜林却实实在在地受着某些限制：极端贫乏的认识的限制；狭隘的形而上学思维方式的限制；滑稽可笑的自高自大的限制；幼稚的奇奇怪怪的想法的限制。正是由于这些限制的影响，杜林的"新的思维方式"、"彻底独创的结论和观点"和"创造体系的思想"实际上给我们提供了各种新的无稽之谈。此外，杜林采取吹嘘自己，贬低别人，歪曲篡改和故弄玄虚的方法使人们相信他的谬论，最后都被恩格斯揭露出来。

第三章 解读马克思主义政治经济学

第一节 经济学的研究对象和方法

在《反杜林论》中，恩格斯把辩证唯物主义和历史唯物主义基本原理运用到政治经济学中，科学地论述了马克思主义政治经济学的对象和方法，批判了杜林在政治经济学对象和方法上的片面观点。

一、马克思主义政治经济学的对象和方法

恩格斯首先阐述了政治经济学的定义。政治经济学，从最广的意义上说，是研究人类社会中支配物质生活资料的生产和交换规律的科学。政治经济学是研究生产和交换的，而生产和交换作为两种不同的过程又是辩证统一的，没有交换，生产也能进行，但没有生产，交换是不能实现的。它们既受外界作用的影响，又有自身特殊的规律，正因为它们的相互影响和相互制约，所以它们叫作经济曲线的横坐标和纵坐标。

政治经济学本质上是一门历史的科学。生产和交换的条件在各个国家是不同的，而且即使在同一个国家，在发展的不同历史阶段上它们也是各不相同的。因此，政治经济学在一切国家和一切时代不可能是一样的，比如把火地岛的政治经济学应用于英国，它不会揭示出任何与英国经济发展有关的东西。而且人类从原始社会的采集和狩猎发展到现在农业、工商业、服务业的具体分工，用一种经济规律来分析显然也是不科学的。要实现对这门科学的研究，我们就要把握经常变化的材料，首先对每个发展阶段的特殊规律进行研究，然后整理出适用于一切生产和交换的最普遍规律，这种适用于一定的生产方式和交换形式的规律，对于具有这种生产方式和交换形式的一切历史时期就是普遍适用的。

论述了生产和交换的辩证关系后，恩格斯开始分析生产、交换同分配的关系，并指出产品分配方式的产生是由历史上一定社会的生产和交换的方式和方法的产生决定的，例如，原始社会中实行土地公有制的氏族公社或农村公社，人们在产品分配上就强调要平等，而如果这种土地公有制在分配方面出现了比较大的不平等，那么人们就会起来反抗，这就标志着公社开始解体；即使是大农业和小农业这种相同的生产方式，因为各自发展的历史前提不同，也导致不同的分配方式，大工业是以阶级对立为前提或者导致阶级对立，不管是奴隶主和奴隶、地主和农民还是资本家和雇佣工人，而小工业中从事农业生产的个人之间的差别是导致小农经济解体的原因；中世纪地方行会的手工业发展迅速，它们是建立在私有制和自身劳动基础上的，而现在资本主义世界的激烈竞争使得地方行会受到排挤，大资本家和受人雇佣的工人必然产生。

产品分配最初是以平等的方式出现，但随着经济的发展和社会历史的不断前进，在分配上出现了差别，也正是这些差别的产生，使得阶级差别相伴而生，社会就划分为享有特权的和被损害的、剥削的和被剥削的、统治的和被统治的阶级。正是这种分配差别和阶级差别的出现，使得原有的社会结构也发生了变化。在分配差别出现以前，由于阶级还没有出现，人们团结在一起组成国家只是为了维护公共利益，抵御外敌的入侵，而阶级的差异，使得国家成了阶级统治的工具，为了维护统治阶级的利益，压迫、剥削被统治阶级。

分配不只是生产和交换的消极产物，它反过来又同样地影响生产和交换。每一种生产和交换方式和方法的产生，一开始都会受到原有的生产和交换方式以及与之相适应的意识形态和政治设施的阻碍，而且也会受到旧的分配方式的阻碍。这种新的生产方式和交换形式只有经过与旧的生产方式和交换形式的长期不懈的斗争，才能建立与之相适应的分配方式。生产和交换方式的成长和发展能力越强，分配就会越快地超过它母体的阶段，达到同现在的生产和交换相冲突的阶段。例如前面已经说过的古代自然形成的公社，生产和交换的发展产生了财产分配上的差别从而开始解体，但在它解体以前却可以存在几千年。现在资本主义社会产生虽然还不到 300 年，占统治地位也才 100 年，但已经造成了分配上的对立，财富越来越集中于少数资本家手中，绝大多数人成为只能出卖自己劳动力的工人，他们没有或者说只占有很少的生产资料。

恩格斯还指出，对于社会变革的原因，我们只能从经济运动形式中去寻找，不能依靠人们的正义和道德。每一个社会的分配和物质生存条件经常反映在人民的本能上，当一种生产方式处于上升阶段时，即使是在与这种生产方式相适应的分配方式下吃了亏的人也欢迎这种生产方式，而且当生产方式还适应社会发展的时候，民众中的满意情绪占支配地位，而且即使有抗议的声音，在被剥削阶级中也得不到响应；当一种生产方式处于衰落阶段时，分配上的不平等才会被人们认为是不正义和不道德的。因此，经济学不能以人们的道德或正义作为评判一种生产方式或分配方式是否合理的标准，这个标准只能是从经济运动形式内部去寻找。恩格斯说："经济科学的任务在于：证明现在开始显露出来的社会弊病是现存生产方式的必然结果，同时也是这一生产方式快要瓦解的标志，并且在正在瓦解的经济运动形式内部发现未来的、能够消除这些弊病的、新的生产组织和交换组织的因素。"①

恩格斯论述马克思对广义政治经济学的研究。广义政治经济学研究的是这个人类各种社会进行生产和交换并相应地进行产品分配的条件和形式的科学。而现在我们掌握的有关经济科学的东西几乎都只是对资本主义生产方式的发生和发展，恩格斯把它称为狭义的政治经济学。马克思立足于狭义的政治经济学，并对它进行了发展，他研究了资本主义生产方式和分配方式从与封建社会的斗争中产生，科学地论述了资本主义生产方式和交换方式相结合对资本主义经济的发展产生的积极影响。然后，揭示资本主义固有的矛盾，即生产的社会化和资本私人占有之间的矛盾，说明资本主义由于它自身的原因，已经达到了不可能再存在下去的地步。马克思的这一批判证明，随着资本主义生产方式和交换方式的发展，资本主义的分配方式导致的冲突越来越严重，造成了人数愈来愈少但越来越富的资本家和人数越来越多而总的来说处境越来越恶劣的一无所有的雇佣工人之间的日益尖锐的对立，而且证明了正是由于资本主义生产方式内部不可避免的冲突，必定会有一个有计划有组织的新社会取而代之，保证全体社会成员都有生存和自由发展其才能的手段。基于研究广义政治经济学的需要，马克思不仅对资本主义社会和资本主义的生产、交换和分配的形式进行

---

① 恩格斯：《反杜林论》，人民出版社1970年版，第147页。

了分析，而且对发生在资本主义之前或者在比较不发达的国家内和这些形式同时存在的那些形式进行了研究和比较，至少是概括地加以研究和比较。

恩格斯还指出，狭义的政治经济学 17 世纪就在一些天才的头脑中产生，但是真正被阐述还是在 18 世纪。当时，经济学家从人的本性出发，运用唯心主义和形而上学的方法研究经济问题，认为新的科学不是他们那个时代的关系和需要的表现，而是永恒理性的表现，新的科学所发现的生产和交换的规律，也不是历史地规定的经济活动形式规律，而是永恒的自然规律。

二、批判杜林在政治经济学对象和方法上的错误观点

恩格斯根据杜林在哲学方面的观点，预测他在政治经济学很有可能继续采用自然哲学的胡说八道，或者是对 13 世纪的经济学观点进行扭曲，把政治经济学看成自然规律而不是历史的发展规律，当作永恒的真理；不把道德和法这些属于意识形态的上层建筑看作由经济基础决定的，而是由著名的两个男人来决定。

恩格斯批判杜林把政治经济学作为"永恒的自然规律"和暴力干涉经济的观点。杜林把政治经济学的研究对象看作一切经济的最一般的自然规律，而且指出：国家的干涉和暴力的干涉歪曲了经济方面永恒的自然规律及其作用。恩格斯批判地指出，杜林把 18 世纪经济学家们对封建国家干涉经济的埋怨翻译成社会主义语言，并认为经济是自由发展的永恒的自然规律，不应该给予干涉。18 世纪的经济学家们作为新兴资产阶级的代表，在批判封建社会国家对经济的干涉问题上具有进步意义，但是把这些批判解释为社会主义的语言是不科学的，因为无产阶级作为社会主义的代表，他们很清楚地知道，暴力只能保护

剥削，但是它并不引起剥削；资本和雇佣劳动的关系才是它受剥削的基础，这种关系是通过纯经济的途径而绝不是通过暴力的干涉产生的。

恩格斯批判杜林暴力决定分配的观点。前面我们已经说过，随着社会生产和交换方式的产生，同时也产生了产品分配方式和方法。但杜林认为可以把一切经济问题区分为两种过程，即生产过程和分配过程，交换和流通只是生产的一个部分，使产品到达最后的和真正的消费者手中所必须经历的一切，都属于生产范畴。恩格斯批判杜林把生产和交换这两个各自独立存在的过程混为一谈，他这么做只不过向人们证明了他对流通作用的无知。而且，杜林把交换归入生产过程，却把分配单独作为第二个过程，表明他对三者关系的错误把握，我们前面已经强调过，分配就其决定性的特点来说，总是某一个社会的生产关系和交换关系以及这个社会的历史前提的必然结果，而且，只要知道了这些关系和前提，我们就可以确定地推断这个社会中占支配地位的分配方式。恩格斯进一步指出，杜林把分配单独划分为一个过程的原因是，不想违背他在道德、法和历史的观点方面所确立的原则，从而用著名的两个男人来分析分配产生的原因。

杜林在解释分配产生的原因时，首先说明了分配产生之前的状况，指出："一个人，如果被设想为孤独的，或者换句话说，被设想为同其他人没有任何联系的，那末这个人是不能有什么责任的。对他来说，不存在什么义务，只有志愿"①，随后，杜林又引入了一个人，我们既可以想象为两个人在平等的基础上共同行动，由于能力的不同使得一方对另一方形成依赖，这样导致了不平等，使得一方可以剥削、压迫另一方；也可以想象成一个人用完全压迫的方式迫使另一个人成为奴隶，导致不平等，从而被压迫的人必须服从压迫

---

① 恩格斯：《反杜林论》，人民出版社1970年版，第151页。

他的那个人。杜林把这种状态转变到经济的分配权，就有了暴力决定分配的理论。

虽然杜林论证了暴力决定分配的理论，但我们必须清醒地看到这个论证的不足。杜林论证了一个人对另一个人的压迫、奴役，从而使分配关系得以最终确立，但他并没有指出人们分配的东西是如何得来的。例如，资本家雇佣工人为其劳动，是以最大限度地获得剩余价值为目的的，所以当劳动者通过必要劳动创造出相当于自身价值的时候，还要继续进行劳动为资本家无偿的生产剩余价值，这样在分配劳动者创造的价值时，一部分给了劳动者作为工资，一部分给了资本家作为生产成本，剩下的那部分就会被资本家以剩余价值的形式无偿占有，这样就实现了分配，而杜林的分配正是忽略了通过生产创造价值的环节。恩格斯指出，杜林在分配问题上一直不愿意从经济事实去分析，主要有两个方面的原因：一是为了方便，不用分析历史上到目前为止的各种分配形式的差别和各自产生的经济原因，只需要将它们都归结为毫无用处的东西，并且把它们都看作是由于压服和暴力而产生的；二是把分配理论从经济学领域搬到道德和法的领域，意味着从确定的物质事实的领域搬到或多或少是不确定的意见或感觉的领域中，这样就省去很多研究和证明的麻烦，而且可以从道德和正义的方式出发随意去安排劳动产品的分配。

恩格斯指出，政治经济学要揭示历史发展的必然规律，按照规律进行生产、交换和分配，而不是依靠杜林那种正义或不正义的感觉和观念。无产阶级是历史上第一次出现不是要求废除某个特殊的阶级组织或某种特殊的阶级特权，而是要求根本废除阶级。现在资本主义的迅速发展，使这个社会基本矛盾的冲突越来越明显，资产阶级和无产阶级的对立也更加尖锐，伴随着资产阶级垄断地位的不断提高，无产阶级却在进行着贫困的积累，无产阶级在与资产阶级进行经济斗争中意识到，单纯的经济斗争不会使矛盾得到彻底的解决，必须通过政治斗争建立社会主义，才能彻底改变被剥削和压迫的地位。而"资本主义制度必然灭亡，社会主义制度必然胜利，这就是历史发展的必然规律。无产阶级对社会主义所抱的必胜的信念，正是基于对这个不可抗拒的社会发展规律的认识。"①

第二节　暴力的本质是什么

暴力的本质到底是什么？杜林把政治暴力这种属于上层建筑范畴的内容当作经济的决定因素，是唯心主义的典型代表，这也被当作他庸俗经济学的基础，恩格斯对此在《反杜林论》中用历史唯物主义的观点批判了这一错误内容。

一、批判杜林主张的政治暴力决定经济的错误观点，从历史唯物主义的观点出发，论述政治暴力只是为经济服务的

杜林认为："政治关系的形式是历史上基础性的东西，而经济的依存不过是一种作用或特殊情形，因而总是第二等的事实……本原的东西必须从直接的政治暴力中去寻找，而不应先从间接的经济力量中去寻找。"② 恩格斯指出：杜林把政治暴力当作第一性的东西，认为经济是依靠政治关系产生的，因此是第二性的。他只是将看法这样简简

---

① 《〈反杜林论〉释注》，山东人民出版社 1982 年版，第 162 页。
② 恩格斯：《反杜林论》，人民出版社 1970 年版，第 156 页。

单单地提出来，既没有对自己的观点进行证明，也没有对相反的意见提出反驳，仅仅依靠以前鲁滨逊奴役星期五的这一著名原罪，说明了这是一种暴力行为，因而也是一种政治行为，进而得出结论：一切经济现象都应该由政治原因来解释，即由政治暴力来解释，而谁对此不同意，谁就属于反动派。

恩格斯批判杜林这种历史唯心主义的观点：

首先，唯心史观认为国家的政治行为是历史上决定性的东西，恩格斯指出这种观点给我们留下来的资料如此之少的主要原因是，人们只看到展现在舞台上的各种政治行为，却没有看到广大人民群众及其在政治行为的作用，而且当时大多数人忙于从事物质资料的生产活动，只有少数人从事政治统治。这种历史唯心主义的观点到法国复辟的时候被历史学家们所动摇，那时候他们意识到资产阶级和封建势力的斗争是阶级斗争，并试图从阶级斗争出发去揭示历史，从经济关系上论证资产阶级必然胜利，杜林称自己的观点"独特"，暴露了他对这一切的无知。

其次，我们再去论证鲁滨逊奴役星期五的问题。鲁滨逊奴役星期五，并不是为了取乐，而是因为星期五可以为他做工，是因为鲁滨逊发现星期五为他劳动所生产的生活资料，远比要支付给他的酬金多得多，因此，鲁滨逊奴役星期五造成的政治分派仅仅是为了能够达到经济目的。这样，我们就用杜林的例子批驳了杜林认为的暴力是基础性的东西的观点。而且，不仅鲁滨逊对星期五的奴役是以经济利益为目的，我们现实的一切剥削和压迫也都是为了达到相同的目的，比如在资本主义社会，资本家雇佣工人劳动，并不是因为他们是慈善家，相反，资本家发现了剩余价值，他们可以无偿地占有被工人生产的超过自身劳动力价值补偿的那部分价值。

再次，恩格斯指出，奴隶制的产生是由于生产方式的变化，不是由于暴力。还是用鲁滨逊奴役星期五来证明，鲁滨逊"手持利剑"把星期五变成自己的奴隶，也就是说并不是所有的人都能把星期五变为自己的奴隶，既需要有武器，也需要为星期五的劳动提供生产资料，这些都具备之后，星期五就可以开始劳动了。但如果想让他长久地为鲁滨逊做工，还必须为他提供必需的生活资料。"因此，先要在生产上达到一定的阶段，并在分配的不平等上达到一定的程度，奴隶制才会成为可能。要使奴隶劳动成为整个社会中占统治地位的生产方式，那就还需要生产、贸易和财富集聚有更大的增长。"① 而且，现实生活中还有很多事例证明奴隶制并不是依靠暴力，比如，美国奴隶制的种植园经济，对暴力的依赖只占很小一部分，它主要用来应对英国棉纺织业对它的棉花需求。

二、批判杜林关于暴力产生私有制和资本主义的谬误

我们在前面已经讲过，奴隶制的产生不依赖于暴力，而是依赖于一定的经济基础。杜林认为奴隶制不仅产生于暴力，甚至于资本主义的所有制也是暴力的产物，恩格斯对这种观点进行了批判：

首先，恩格斯批判杜林关于暴力创造私有制的观点。要对别人进行奴役，必须具有生产资料和维持被奴役者所必需的生活资料，也就是拥有超过中等水平的财产，这些财产可以是通过暴力从别人那里抢来，也可以通过经商、欺骗、劳动、偷窃等等，暴力只是我们确定自己对财产私有的一种方式，但这绝对不会是唯一的方式。而且，历史上出现的私有财产，绝不是掠夺和暴力的结果。在原始社会，生产资料和劳动产品都是公有的，只有少量几种物品是私有财产，而在这种公社内部，同外地人交换时，这几件商品便具有了商品的形式。公社

---

① 恩格斯：《反杜林论》，人民出版社 1970 年版，第 158 页。

的产品交换得越多供自己消费的部分就越小，这样，大家为了交换纷纷进行私人生产，公社内部各个成员出现了占有财产上的不平等，公社就渐渐地被小农经济所替代。因此，在私有财产形成的任何地方，都是由于改变了生产关系和交换关系，是为了提高生产和促进交流，因而，归根结底是由于经济原因产生的。虽然掠夺者可以通过暴力掠夺别人的财产，但之所以被称为"掠夺"和"别人的"，是由于私有财产已经产生了，暴力可以改变财产占有情况，但是不能创造私有制。

其次，恩格斯批判杜林关于暴力创造资本主义的观点。恩格斯说：即使现代社会的雇佣劳动，我们也不能用暴力或基于暴力的所有制去说明。劳动产品转化为商品，不是为了自身消费的需要而是为了交换，这样的商品生产达到一定程度，这种生产就变成了资本主义的生产，在这个阶段，以商品生产和流通为基础的占有规律，通过它本身的辩证法变成了自己的对立面，主要表现为最初的等价交换，现在仅仅变成表面上的交换：一是劳动者出卖自己劳动力获得的价值比自己所能创造的要少得多，二是资本家通过工人的劳动不仅收回了包括劳动者工资在内的全部成本，而且还获得了剩余价值。因此，在资本主义社会，所有权不再以自己的劳动为基础，资本家可以无偿占有别人的劳动创造的价值，劳动者不能占有自己生产的产品，即所有权和劳动分离。这就是资产阶级发展的历史，整个过程都是基于经济原因，而与暴力或国家的政治干涉没有关系。除此之外，随着资本主义的发展，资本主义的基本矛盾就会越来越暴露，两极分化的现象也会越严重，当矛盾达到不可调和的地步，无产阶级就会起来反抗资产阶级，这时候资产阶级就会最大限度地发挥暴力的作用，但由于经济的发展以及社会历史发展的必然性决定，资本主义制度必将瓦解。而如果按照暴力能够产生资本主义制度，只要能够发挥暴力的作用，资本主义社会将会永远存在，这显然是与社会发展的客观规律不相符的。

第三节 暴力的基础是什么

恩格斯通过论证军队对经济的依赖，进一步批判杜林把暴力作为"历史上基础性的东西"，阐明经济决定政治的观点。

一、批判杜林把暴力作为"历史上基础性的东西"，阐明暴力是以经济为基础的

还是借用前面的例子，鲁滨逊"手持利剑"奴役了星期五。我们只知道鲁滨逊有利剑，但杜林并没有向我们说明利剑是哪里来的，既然这样我们可以随意地收回鲁滨逊的利剑交给星期五，那么就变成了星期五奴役了鲁滨逊；也可以拿来利剑和手枪这样两种不同的武器分别交给他们两个人。虽然我们做这样的假设很幼稚，但这并不是我们的过错。在我们假设的条件下，奴役者和被奴役者就会发生转化，而这种转化仅仅是因为我们改变了他们的武器，因此"暴力的胜利是以武器的生产为基础的，武器的生产又是以整个生产为基础的，因而是以经济力量，以经济情况，以暴力所拥有的物质资料为基础的"[1]。

二、阐明陆军和海军对经济的依赖关系，进一步批判杜林把暴力当成"历史上基础性的东西"

恩格斯指出，暴力不管依靠陆军还是海军，都需要"巨额的金

---

[1] 恩格斯：《反杜林论》，人民出版社1970年版，第164页。

钱"。金钱的获得最根本上还是要通过经济的生产才能实现，换句话说，暴力是由经济基础决定的，经济可以为暴力提供先进的工具装备以及维持士兵必需的生活资料，各种战略战术以及天才统帅必须有先进的生产水平和交通状况以及更好的武器发明为依托。

恩格斯首先论证了陆军的建设必须以经济条件为基础：

首先是工具对经济的依赖。例如，火药被发明后，经过阿拉伯人传入西欧，使整个作战方式发生了变革。同时，火药作为一种工业产物，也是经济的进步，而且火器的采用不仅引起了作战方法的变革，而且对统治和奴役的政治关系也起了变革的作用。

其次是战斗形式和武器。18 世界初，长矛在欧洲的步兵中被更先进的工具所取代，当时强迫编入军队的不是怀有敌意的战俘就是最堕落的诸侯雇佣军，因此能够应用新武器的唯一战斗形式就是线式战术；美国独立战争时，没有经过步法训练的起义军能够很好地使用线膛枪，而且他们为了自己的切身利益全身心地投入战斗，放弃了和敌人在平地上直接对抗的线式队形，采用更加适合作战的散兵战，这是根据士兵成分的变化做出的调整；法国革命时，军队的主要成员是训练很差但人数众多的群众，面对的是反法联盟那些训练有素的军队，因此，法国不得不以这些群众去保卫巴黎，即保卫一定的地区，但想要做到这一点，不在兵力众多的野战中获得胜利是不可能的，所以，以前的伞兵战是不行的，必须找出一种新形式来使用群众，这种形式就是纵队，这是根据士兵成分和军事技术的进步做出的调整，特别是格里博瓦尔设计的较轻便的野炮架，提高了野炮的运动速度，而且按照猎枪仿造的弯曲的枪托，提高了命中率；欧洲大陆上大多数国家的兵役制度很快由全民武装转为强迫征兵制，富人可以出钱雇人代服兵役，但普鲁士仍然运用后备军制度更大规模地组成国民的防御力量，并且用后装线膛枪取代了前装线膛枪，取得了重大胜利，这是由于坚持后备军制度和改进了武器；在普法战争中，双方都使用了后装线膛枪，在圣普里瓦战斗中，普鲁士采用了连纵队的战斗形式，损失惨重，士兵们在战斗过程中找到了适合战斗的散兵群的战斗形式，士兵表现的比军官聪明得多，他们在敌人步枪的射程内，使跑步变成了唯一的运动形式。在上述一系列的战争实践中，我们看到了战斗形式从线式、散兵战、纵队，到后来又采取散兵群，而这些变化是由于武器的改进和士兵成分的变化，武器的改进依赖于生产的发展，作战形式是随经济的发展而变化的。

最后，恩格斯总结了现代步兵史上的两个教训：第一，资本主义发展起来的军国主义并不能挽救资本主义制度，军国主义最终将由于自身发展的辩证法而灭亡。首先，武器已经发展的非常完善，以后即使有所改进也不会带了变革性的进步；其次，战争迫使欧洲大陆的一切大国采用后备军制度，国家不仅要承担大量的军费支出，而且普遍的义务兵役制使全体人民学会使用武器。在军费负担和义务兵役的双重压力下，人民很有可能反对长官而去实现自己的意志，这样就有导致军国主义灭亡的可能。第二，"军队的全部组织和作战方式以及与之有关的胜负，取决于物质的即经济的条件：取决于人和武器这两种材料，也就是取决于士兵的质与量以及技术。"① 首先，只有像美国人这样的狩猎民族才能够发明伞兵战；只有像在经济上解放了资产者、特别是解放了农民的法国革命那样的革命，才能找到群众性的军队，同时给这种军队找到自由的运动形式；其次，技术上的变化应用在军事上，往往会引起违反指挥官意志的作战方式的变化；最后，战争的进行依赖于后方生产力的发展和交通工具的改进。

接下来，恩格斯开始论证海军的发展对经济力量的依赖：

① 恩格斯：《反杜林论》，人民出版社1970年版，第168页。

首先，恩格斯指出军舰依赖于经济得以迅速的发展。克里木战争时，军舰是两层或三层的木质舰船，主要靠帆力航行，承担的重量还很小，在战争快要结束时，出现了浮动的装甲炮台，它虽然几乎不能动，但当时的火炮已经不能损伤它，不久后军舰上也出现了铁甲，而且承重也大大增加。这些发生在军舰上的变化，说明军舰不仅是现代大工业的产物，而且同时还是现代大工业的缩影，是一个浮动在水上的工厂。而且，不仅军舰的建造，它的管理也是一个大工业的部门。因此，直接的政治暴力是受经济情况支配的。同时，恩格斯再次揭示，由于这种竞赛在海战领域里也揭示了内在的辩证的运动规律，因此，军国主义将同任何其他历史现象一样，由于它自己的发展而最终走向灭亡。

其次，恩格斯通过军舰的改进的历程得出结论：暴力本身的本原的东西"是经济力量，是占有大工业这一强大的手段。以现代军舰为基础的海上政治暴力，表明它自己完全不是'直接的'，而正是取决于经济力量，即冶金工业的高度发展，对熟练技术人员的号令权和丰富的煤矿"①。

第四节　暴力的社会基础是什么

杜林主张，人要征服自然必须先要征服、奴役别人，人对人的统治是人对自然界统治的前提，而对于人与人的阶级和统治关系的产生，他只用"暴力"来回答。在《反杜林论》中，恩格斯进一步批判了杜林这种关于暴力产生阶级关系和统治关系的观点，科学地论述了

---

① 恩格斯：《反杜林论》，人民出版社 1970 年版，第 171 页。

马克思主义关于阶级产生的学说，而且驳斥了杜林关于暴力只会产生消极作用的观点，阐明马克思主义关于暴力革命的学说。

一、批判杜林关于人对自然的统治只有通过人对人的统治才能进行的谬论，阐明了阶级关系和统治关系产生的两条道路

恩格斯在本章开始引用了杜林的一大段话，表明杜林的观点：人对自然界的统治，是以人对人的统治为前提的。杜林认为，大面积地产的经营，在任何时候和地方都是由被奴役者来进行的，而如果没有这些被奴役者，大面积土地所有者及其家属只能耕种他所占有的面积的极小一部分。因此，人要征服自然必须先要征服、奴役别人。

恩格斯首先对杜林的观点进行了批判：第一，杜林把"对自然界的统治"和"地产的经营"看作是一回事。但实际上二者是整体和部分的关系，在自然界的统治规模中，工业比农业大得多，而且农业现在还要受到自然界的气候等因素的控制。第二，即使我们按照杜林的观点把"自然界的统治"看作"地产的经营"，那么这些地产的经营权应该属于谁呢？杜林把它们给了大地主，但在我们历史发展的初期实行的是土地公有的氏族公社和农村公社，耕地或者以公社为单位共同耕种，或者分成小块分给各个家庭耕种，森林和牧场总是公用，而且还有很多著作阐明过这种原始的土地公有的存在和崩溃的各种形式，而杜林对这些都是无知的。恩格斯批判杜林说：经营大面积的地产需要有地主和被奴役者，这种说法是杜林的"自由创造物和想象物"。在整个东方，因为公社和国家是土地的所有者，因此，他们的语言里没有地主这个词，而且在不同国家都可以找到类似的事例说明土地的公有。因此，杜林的观点实际上是以真正空前的无知为前提的，

是用唯心主义的先验论说明历史上一切出现的不平等都是暴力导致的，而且，用同样的方式可以轻而易举地说明资本主义分配的不平等。

杜林主张，人对人的统治是人对自然界统治的前提，而对于人与人的阶级和统治关系的产生，他只用"暴力"来回答。恩格斯指出，在任何时代，被剥削者和被统治者都比剥削者和统治者多得多，要是真正使用暴力的话，应该是多数人剥削、压迫和奴役少数人，而不应该是现在的少数人对多数人的剥削和压迫。

针对杜林把一切剥削和压迫都归因于暴力的观点，恩格斯论述了产生阶级和统治关系的两条道路：

首先，人们脱离动物界，进入人类历史，由于没有意识到自己力量的存在，因此在自然面前更多的是无能为力，普遍存在着生活状态上的平等，没有阶级、没有剥削和压迫。这种状态在原始农业公社依然存在，人们共同从事劳动，虽然共同利益在全社会的监督之下，但还是需要有个别的人担任监督者，比如监督用水，制止个别越权等等，这样的职位被赋予了某种全权，这是国家权力的萌芽，这些职能逐渐独立化并上升为对社会的统治，部分人由社会的公仆变为社会的主人。随着生产力的发展，不同公社之间既有共司利益，又会存在利益上的冲突，这样，不同公社内部就会建立新的机构来保护共同利益反对利益冲突，正是基于这样的职能，这些机构会变得更加独立，它们既可以独立到自然而然地世袭这些职位，也可以独立到增加建立这种机构的必要性，而这些就会演变成我们所说的阶级和统治力量，"政治统治到处都是以执行某种社会职能为基础，而且政治统治只有在它执行了它的这种社会职能时才能继续下去"①，这是阶级形成的一种方式，我们看到它是为了执行某种社会职能，为了维护共同的利益而产

①　恩格斯：《反杜林论》，人民出版社1970年版，第177页。

生的，不是由暴力导致的。

其次，由于生产力的发展，旧的土地公有制和土地共同耕作制度让位于各个家庭的小块土地耕作制度，在家庭内部自发形成的分工作用下，农业家族达到一定的富裕程度：人的劳动力所能生产的东西远远超过了单纯维持劳动力所需要的数量，维持更多劳动力的资料已经具备了，使用这些劳动力的资料也已经具备了，于是劳动力获得了价值。以前，大量的战俘不是被杀掉就是被吃掉，自从生产达到了富裕程度时，人们就让战俘们活下来，从事劳动。这充分说明了不是暴力决定经济情况，而是相反地，暴力被迫为经济情况服务。正是奴隶制被发现后，农业和工业更大规模的分工才成为可能，从而为古代文化的繁荣创造了条件。这是阶级和统治关系产生的另一条道路，同样没有暴力压迫，单纯是经济发展的结果。

杜林主张奴隶制是暴力的产物，因此全盘否定它的作用，用一般性的词语痛骂奴隶制和其他类似的现象，对这些可耻的现象发泄高尚的愤怒，这是最容易不过的做法。恩格斯批判指出，在当时的历史条件下，采用奴隶制是社会的一个巨大进步，当人们的劳动生产率还比较低的时候，除了维持自己的生活只有很少的剩余，扩大生产、从事艺术和科学、管理劳动和经营商业等等活动都需要大量的劳动力，而奴隶制使这种分工成为可能，因此对于社会的发展来说，奴隶制有进步意义，而且对于奴隶来说，从以前被杀害的命运转变为现在的劳动者，也是进步的，至少能保住性命。

最后，恩格斯补充认为："剥削阶级和被被剥削阶级、统治阶级和被压迫阶级之间的到现在为止的一切对立，都可以从人的劳动的这种相对不发展的生产率中得到说明"①。当劳动生产率不高时，人们花

———

① 恩格斯：《反杜林论》，人民出版社 1970 年版，第 179 页。

费大量的时间在生活必需品的生产上，因此从事劳动管理、国家事务、法律事务、艺术和科学等事务的时间就会很少。这时候，必然有一个脱离生产的阶级来专门负责这些事物，由于脱离了劳动实践，也为了自己的利益，他们就会把越来越沉重的劳动负担强加给劳动者。当大工业发展到一定程度时，人们的劳动生产率提高，有足够的时间从事社会事务，对脱离生产专门从事管理的阶级不再需要，这时候，统治阶级和剥削阶级就会被消灭。杜林还把资本主义的雇佣奴役制和奴隶制看成一回事，认为它们都是暴力的结果，恩格斯反驳说，两者确实都是奴役和阶级统治的形式，但并没有揭示出资本主义雇佣劳动榨取剩余价值的本质。

二、批判杜林全盘否定暴力的作用，阐述暴力革命在社会历史发展中的积极作用

杜林认为，暴力是绝对的坏事。马克思认为暴力在社会历史中的作用主要包括两点：第一，政治权力往往是由于某种经济或社会职能产生的，当原始公社瓦解后人们纷纷成了私人生产者，因而与公职人员更加疏远，政治权力更加独立和强化。第二，当政治权力在社会中独立起来后，公职人员从人民的公仆变成了整个社会的主人，这时候它可以朝两个方向发展，既可以按照经济发展的规律，推动经济的发展，也可以违反经济发展的规律，对经济发展起阻碍作用，这时候人们往往会起来反抗，用新的政治权力取代这种腐朽的状况。因此，暴力除了消极作用外，还有革命的一面，它是每一个孕育着新社会的旧社会的助产婆："首先，社会革命是社会形态更替的重要手段和决定性环节。当旧的生产关系严重阻碍生产力，旧的上层建筑又极力维护旧的经济基础时，必须通过社会革命这一手段来摧毁或扫除历史前进

的障碍。其次，社会革命能充分发挥人民群众创造历史的积极性和伟大作用。由于社会革命代表了广大人民的根本利益，所以能够充分激发他们的革命热情和聪明才智。而且，社会革命还能够极大地教育和锻炼包括革命阶级在内的广大人民群众。最后，无产阶级革命将会被消除阶级对抗，并充分利用全人类的文明成果，促进社会全面进步而创造条件。"①

第五节　商品的价值与社会必要劳动的关系

在《反杜林论》中，恩格斯还批判了杜林错误的价值论，揭示杜林的经济学是为资产阶级服务的庸俗经济学，阐明了马克思主义科学的劳动价值论。

一、批判杜林的经济学是为资产阶级辩护的庸俗经济学

18 世纪德国教育学家罗霍夫写了本畅销书《儿童之友》，这本书的主要目的是教育农民和手工业者的子女认识到自己的使命以及对国家和社会应尽的义务，接受统治阶级的剥削和压迫，安分守己，并把它们看作自己应该承担的责任，而且，把劳动当成自己的天性。从书中宣扬的思想我们可以看出，罗霍夫是统治阶级的御用文人，他为资产阶级的政治统治服务。杜林以社会主义行家和社会主义改革家自

---

① 《马克思主义基本原理概论》，高等教育出版社 2010 年版，第 120 页。

称，却把罗霍夫的这些说教当作他新的政治经济学的"绝对基础性的东西"提供给我们，由此可以推断杜林的政治经济学是为资产阶级服务的庸俗经济学。

二、批判杜林关于财富的理解

杜林用罗霍夫庸俗的陈词滥调奠定了经济学基础后，并不急于着手研究，而是应用数学方法提供了一系列定义，这是脱离客观事实的先验论模式。

杜林认为："到现在为止的经济学的主要概念叫作财富，而财富，正像它直到现在真正地在世界历史上被理解的那样，像它的支配范围被扩大的那样，总是'对人和物的经济权力'。"① 这是杜林对财富下的定义。在《对象和方法》那一章我们知道，到现在为止，我们所掌握的有关经济科学的东西，几乎只是关于资本主义生产方式的发生和发展，而杜林在这里主张"到现在为止经济学的主要概念叫作财富"；而且，杜林主张的"像它的支配范围被扩大的那样"与资本主义生产的目的是为了增殖价值相通。这些都向我们证明杜林所讲的财富是资产阶级的财富。

恩格斯批判杜林对财富的定义包含着双重错误：首先，杜林认为财产是对人的经济权力。恩格斯指出，原始社会氏族公社和农村公社实行的是生产资料公有制，人们共同劳动，平均分配劳动产品，人与人是平等的，因此不存在财富对人的支配关系。其次，抛开原始公社不说，即使在阶级对立的社会，财富也不能直接地对人支配，需要借助于对物的支配来实现。例如在奴隶社会，奴隶主能够支配奴隶，是

---

① 恩格斯：《反杜林论》，人民出版社1970年版，第183页。

通过手中掌握的生产资料以及能维持奴隶生存下去的生活必需品，抛开对这些物的的支配，即使奴隶主占有奴隶，也不存在支配奴隶的需要；封建社会也是如此，地主之所以能够压迫农民，是因为他们占有农民没有的土地。

恩格斯还指出，杜林不从阶级社会的事实出发，而是先验地定义财富的概念，目的是把财富从经济领域拖到道德领域中来。从道德分析，"作为对物的支配的财富，即生产的财富，是好的方面；作为对人的支配的财富，即到现在为止的分配的财富，是坏的方面，应该扔掉它！"① 用道德的观点分析现在资本主义社会，杜林指出，资本主义的生产方式是好的，应该继续采用，但它的分配方式是坏的，是需要消灭的。杜林在这里用所谓的道德观点分析问题，再次把分配看作是脱离生产方式独立存在的东西，割裂了生产和交换的关系。

三、批判杜林对价值的错误观点，科学地阐明劳动价值论

杜林认为，价值就是价格，价值是各种价格。所以杜林认为同一个价值有多种不同的价格，因而也有同样多的价值。通过杜林的定义，我们可以知道，价值和价格其实是同一种东西，只是一种以货币的形式表现出来，一种不是。杜林接下来向我们提供了 5 种价值，即来自自然界的生产价值、由于人的暴力剥削来的且不包含力的花费的分配价值、由劳动时间计量的价值、由再生产费用计量的价值和工资计量的价值。恩格斯对它们分别作了解释和说明：

首先，杜林主张：生产价值是关于克服自然界和条件对创造的抵

---

① 恩格斯：《反杜林论》，人民出版社 1970 年版，第 184 页。

抗来估价的。人们生产某种产品时都会受到自然界或大或小的阻力，要克服这种阻力，就要付出力量，人们投入的力量就是价值的决定因素。这与马克思的劳动价值论不同，杜林把价值看作与自然对抗的产物，因此价值是个永恒的概念，而马克思的价值只存在于商品经济是区间，是个历史概念。恩格斯主要从两个方面进行了批判：第一，劳动产品的价值是由生产商品所必须的劳动时间来决定的，杜林却把他解释为向任何物品里投入的力量都看作价值量的直接决定因素，这就出现了错误。当一个人向一件对别人没用的物品里投入力量，这件物品是没有价值的；而且如果一个人手工制造一件物品所用的时间是社会上普遍采取的机器生产所用时间的 20 倍，那么按照社会必要劳动时间决定的价值量出售，手工生产者 19/20 的力量是没有价值的。第二，恩格斯指出：把创造积极的产品的生产劳动转变为对抵抗的纯消极的克服，这是对价值的歪曲。人们要生产一件衣服，就要从棉花种子开始对抗，对抗完棉花的生长再对抗棉花的运输，对抗完棉花后，在生产过程中也存在着对抗，而且这种对抗根本无法不存在具体的衡量标准。杜林把它歪曲只是想把"抵抗"从"生产价值"转向"分配价值"。

其次，杜林在论证了生产价值后，又提出了"分配价值"，而且这种价值是建立在暴力剥削和压迫的基础上的。杜林把克服"自然界的抵抗"产生的价值称为"生产价值"，把克服人与人的"社会障碍"产生的价值称为"分配价值"。为了说明这个观点，杜林又引入了两个人的事例，把一个人通过对另一个的的剥削和压迫这种暴力手段得到的价值称为"分配价值"。也就说，目前存在的价值是一种垄断价格，按照这种价值论，假定现在所有商品都是垄断价格，就会出现两种可能性：一种情况，一切商品的价格都是垄断价格，卖家用高价卖出自己的商品后，还必须用高价买进自己所需的物品，这样在整个过程中，"分配价值"相互抵消了，相当于"分配价值"根本不存在。第二种情况，"分配价值"是被资本家无偿占有的，由暴力掠夺来的，这实际上就是马克思主义的剩余价值。杜林还列举通过竞争和垄断等手持利剑实施暴力的方式可以获得"分配价值"，但恩格斯反驳说：通过这种方式获得垄断价格只是特殊和例外的情况，并不会像杜林假设的那样普遍的出现，而且，在社会中真正手持利剑的是司令官，他们会结束这种垄断，没收垄断者的存货，将其平均分配，只要手持利剑的人企图制造"分配价值"，就总是要导致事业的失败和金钱的损失。最后，为了说明"分配价值"有多种形式，杜林又提出了财产赁金，即地租和资本利润，通过这种形式，"分配价值"促成了在不付出对等劳动成果的条件下可以占有他人劳动成果。

再次，杜林又提出了价值的另一种决定因素，即"人力的花费"。恩格斯主要从 3 个方面进行了批判：第一，如果确实要用人力的耗费来作为价值的决定因素，那么前面刚刚提出来的"分配价值"是通过暴力掠夺来的，并没有人力的消耗，两者相矛盾不能同时存在。第二，如果认为商品的价值是完全由人力的花费决定的，即体现在它们里面的劳动决定的，实际上就是"他痛骂过的李嘉图—马克思的价值论好久以前远为明确而清楚地说过的意见"①，即劳动价值论。第三，杜林把劳动看成是人力的耗费，又把这种耗费定义为"生存的时间，而生存的自我维持又表现为对营养上和生活上的一定数量的困难的克服"②，杜林把劳动时间和生存时间等同，用生存时间决定价值，实际上又否认了自己鼓吹的劳动价值论。

而且，杜林又借助美国庸俗经济学家凯里的观点，认为不是生产费用决定价值，而是再生产费用决定价值，生产费用或再生产费用是

---

① 恩格斯：《反杜林论》，人民出版社 1970 年版，第 189 页。
② 恩格斯：《反杜林论》，人民出版社 1970 年版，第 188 页。

由工资和资本利润构成的。工资是体现在商品中的劳动者力的花费，是生产价值。利润是资本家利用自己的垄断，利用自己手中的利剑逼出来的捐税或加价，是分配价值。资产阶级庸俗经济学家主张价值由3部分构成："劳动服务的价格是工资，资本服务的价格是利息，土地服务的价格是地租。工资、利息、地租合在一起就是决定商品价值的生产费用。"① 杜林跟他们的不同点在于，他认为利润是不合理的暴力获得的。

此外，针对杜林提出的工资决定价值的观点，恩格斯指出：工人所生产和所花费的是不对等的两个价值，它们根本没有任何共同之处，而且工人所创造的价值一定会大于自身价值；按照杜林所说的工资决定商品的价值，即劳动者的工资和劳动创造的价值同样多，那么就不会有剩余产品存在，社会生产不会增加社会的总财富，社会也就自然不能进步。

恩格斯在分析杜林价值论观点基础上总结，商品的价值必定由以下两种情况之一决定：其一，"商品的价值是由生产这些商品所必须的劳动的维持费用决定的，也就是说，在今天的社会中是由工资决定的"②，在这种情况下工人创造的价值正好等于他的工资，统治阶级剥削和压榨工人劳动后并不能获得剩余产品；其二，商品的价值由生产商品的劳动量决定，那么商品的价值除去工人的工资和生产资料的价值外还有剩余，这部分价值被资本家无偿占有，而且社会生产基金和后备基金是从剩余中形成和发展的，它是过去和现在一切社会的、政治的和各方面的继续发展的基础，这种社会生产基金和后备基金掌握在剥削阶级手里，使得他们获得政治上和思想上的统治权，这与马克思发现的剩余价值理论相吻合。

---

① 《〈反杜林论〉释注》，山东人民出版社1982年版，第189页。
② 恩格斯：《反杜林论》，人民出版社1970年版，第191页。

第六节　商品的价值与劳动的关系

　　杜林批判马克思的价值论是一种普通的学说，没有对熟练劳动的不同价值进行合理的解释。另外，杜林还将马克思关于复杂劳动的产品比简单劳动的产品具有更多的价值的观点歪曲为某个人的劳动时间本身比另一个人的劳动时间更有价值。对此，恩格斯批判了杜林关于劳动带来绝对价值的观点，论证马克思主义关于简单劳动和复杂劳动产生不同价值的基本原理。

一、批判杜林对马克思价值理论的攻击，科学地阐述了马克思关于简单劳动和复杂劳动的观点

　　杜林用一大段话批判他理解的马克思价值学说，他认为马克思的价值论是一种普通的学说，对所谓熟练劳动的不同价值并没有解释清楚，而且，人们只有通过所耗费的劳动时间才能计量劳动产品的自然成本，从而计量商品的绝对价值；把马克思关于复杂劳动的产品比简单劳动的产品具有更多的价值的观点歪曲为某个人的劳动时间本身比另一个人的劳动时间更有价值；认为人们在熟练劳动的情况下，自己的劳动时间还要加上别人的劳动时间，例如劳动中需要使用别人花费时间制造的工具。

　　恩格斯针对杜林对马克思的批判，科学地阐明了马克思关于简单劳动和复杂劳动与价值的关系。马克思主张，商品的价值是由包含在商品中的人的劳动决定的，人的劳动分为简单劳动和复杂劳动。"简

单劳动是指不需要经过专门训练和培养的一般劳动者都能从事的劳动，复杂劳动是指需要经过专门训练和培养，具有一定文化知识和技术专长的劳动者所从事的劳动。形成商品价值的劳动，是以简单劳动为尺度的。复杂劳动等于自乘的或多倍的简单劳动，也就是说，少量的复杂劳动等于多量的简单劳动。在相同的劳动时间里，复杂劳动创造的价值大于简单劳动创造的价值。"① 各种劳动化为简单劳动的不同比例，是由生产者背后的社会过程决定的。

分析了杜林对马克思的攻击，论述了马克思简单劳动和复杂劳动后，恩格斯开始对杜林的攻击进行批判：

首先，马克思主义中的价值概念，是在商品经济的特定历史区间进行的，"即关于在一个私人生产者所组成的社会内由这些私人生产者按照私人打算而生产出来并且被相互交换的物品的价值的决定"②。杜林则错误地认为，只有通过所耗费的劳动时间才能计量经济物品的自然成本，从而计量经济物品的绝对价值。在这里，杜林把物品的自然成本看作一个用劳动时间来衡量的永恒概念，是种"绝对价值"。

其次，马克思主张，在商品经济的历史范围内，个别商品的价值是由人的劳动创造的，人的劳动是简单劳动力的消耗。但是，并不是所有的劳动都是人的简单劳动能完成的，还有很多劳动是通过运用技能和知识才能实现，这种劳动被称为复杂劳动。简单劳动和复杂劳动都是人的劳动消耗，但在相同的劳动时间内，二者生产出来的商品价值是不一样的，一小时复杂劳动的产品同一小时简单劳动的产品相比，前者的价值往往表现为多量或几倍于后者的价值，在社会过程中，复杂劳动生产的产品价值要通过一定量的简单劳动表现出来。杜林把这种观点歪曲为某个人的劳动时间本身比另一个人的劳动时间更有价

---

① 《马克思主义基本原理概论》，高等教育出版社 2010 年版，第 146 页。
② 恩格斯：《反杜林论》，人民出版社 1970 年版，第 195 页。

值，因而攻击道，"一切劳动时间都是毫无例外地和原则地（因而不必先得出一种平均的东西）完全等价的"①，即"绝对价值"。按照这种观点，在同一劳动时间内，没有简单劳动和复杂劳动的差别，没有产品的好坏，没有劳动生产率高低的差别，推小车的就和建筑师创造了同样的价值，那么资本家就不会破产了。而且，杜林主张的等量时间获取等量价值是相对于人们劳动工资而言的，而马克思则是指工人的一个工作日物化成商品的价值。

二、批判杜林的劳动等价学说

首先，杜林的劳动等价学说认为：一切劳动时间，无论推小车的劳动时间与建筑师的劳动时间，还是工人的劳动时间与教师的劳动时间，都是完全等价的，那么，劳动时间甚至于劳动都是等价的。这样，我们就很清楚地知道，杜林给劳动赋予了价值的特性，并作为他劳动等价学说的基础和前提。但是，劳动只能创造价值，它本身是没有价值的，"只有劳动才能赋予已发现的自然产物以一种经济学意义上的价值。价值本身只不过是物化在某个物品中的、社会必要的人的劳动的表现。所以劳动不能有任何价值。"② 谈论劳动价值实际上就是谈论价值的价值，这和我们不去称量有重量的物体的重量，而去追究重量本身有多重是一个道理。而且杜林正是从这个错误的前提出发，把马克思简单劳动和复杂劳动的差别等同于某个人的劳动时间本身比另一个人的劳动时间更有价值。

其次，恩格斯指出，通过批判杜林得到的劳动没有价值的观点对于劳动力不再是商品的社会主义高级阶段来说具有重要意义。其一，

---

① 恩格斯：《反杜林论》，人民出版社 1970 年版，第 194 页。
② 恩格斯：《反杜林论》，人民出版社 1970 年版，第 197 页。

杜林关于工人的工资要等于劳动价值的观点就变成了谬误，因此，他想从自发的工人社会主义那里继承下了的、想把未来的生活资料的分配当作一种比较高的工资来调节的一切企图，就不能得逞；其二，恩格斯主张：只要分配为纯粹经济的考虑支配，它就将由生产的利益来调节，而最能促进生产的是能使一切社会成员尽可能地全面发展、保持和运用自己能力的那种分配方式，即不同职业之间的明显分工将会消除，人们劳动能力的差别也将缩小，所以，这是企图把"一个把职业的推小车者永恒化"的杜林难以理解的。

再次，恩格斯再次批判杜林，通过劳动等价的观点把每个劳动者相同时间内生产的价值看作相等是夸夸其谈，即使是在同一生产部门从事同一劳动的两个人，生产的产品价值也不可能相等，更何况不同行业和部门，这实际上是杜林没有区分开价值由劳动来决定还是价值由工资来决定。

最后，恩格斯还分情况回答了复杂劳动支付较高工资的问题。如果在私有制社会，获得知识和技能的费用由私人或其家庭承担，因此作为较高价格的劳动力收入也应该是私有的；如果在按照社会主义原则组织起来的社会，培训劳动力的费用由社会负担，劳动力创造的价值也应该归于社会。最后，恩格斯指出：工人所中意的对"全部劳动所得"的要求，虽然在大多数时候是合理的，但有时也是不科学的。工人对全部劳动所得是机会主义代表人物拉萨尔提出来的。它如果用于反对地主和资产阶级的剥削，就是有积极意义的；但如果用于无产阶级建立未来社会的纲领就是不恰当的，因为到未来社会全部劳动所得实行公有制，而不是由劳动者私有。

第七节　资本与剩余价值

在这一章，恩格斯主要批判杜林歪曲马克思关于资本和剩余价值的观点，阐明马克思主义科学的资本概念和剩余价值理论。

一、批判杜林对马克思资本的产生和本质的错误理解，阐明剩余价值的产生问题

恩格斯针对杜林对马克思资本观点的错误理解，进行了批判：

首先，恩格斯批判杜林歪曲了马克思关于资本产生的时间。杜林提出："据说，资本是由货币产生的；它构成一个历史阶段，这个阶段开始于 16 世纪，即开始于假定在这个时期出现的世界市场的萌芽时期"，[①] 即认为资本产生于 16 世纪，这就像把金属货币看作是由 3000 年前的牲畜产生的一样，因为在以前牲畜和其他东西一样都担任过货币。而实际上，马克思从商品流通得以实现的经济形式中分析得出，货币是商品流通的最后产物，并非 16 世纪。

其次，恩格斯批判杜林把马克思的资本歪曲为货币的观点。恩格斯引用马克思的话说明，资本最初到处是以货币的形式出现，但每一个新资本的出现都是货币经过一定的过程才实现的。而且，货币作为资本流通的形式，与货币作为商品一般等价物流通的形式是恰好相反的：货币作为商品一般等价物时，商品所有者为了买而卖，即为了得

---

① 恩格斯：《反杜林论》，人民出版社 1970 年版，第 199 页。

到自己需要的商品，必须先卖出自己生产的商品；货币作为资本时，资本家为了卖而买，即先买进自己不需要的东西，加工生产完再以高价卖出。

货币作为资本流通形式时，资本家先买进自己不需要的东西，然后卖出加工的物品，而且卖的比较贵，不仅能够收回用于购买的货币价值，而且在货币上有所增加。马克思把增加的部分叫作剩余价值，并且在假定商品生产者交换商品时都遵循等价交换原则的前提下，即相等的价值不断地和相等的价值交换，研究了剩余价值的来源：我们假设研究是在等价交换下进行的，所以剩余价值肯定不是在购买或者售卖阶段产生的，那么价值的变化就一定发生在购买的商品中，而且商品是在等价的原则下买到的，所以剩余价值不在商品的价值中，只能产生于商品的使用价值。换句话说，剩余价值是从商品的使用中才产生的。货币所有者在无数的商品中寻找这种特殊的商品，它特殊到使用价值是其价值的源泉，最后找到了劳动者。劳动者作为商品，它的价值是由维持自己能劳动的状态和延续后代所需要的生活资料的价值决定的，假如工人工作 6 小时就能生产相当于自身价值的价值，那么货币所有者只需要付费工人相当于 6 小时的工资就是公平的，又因为 6 小时的报酬却足够维持工人劳动 24 小时，所以，在工人劳动 24 小时后得到的只是相当于 6 小时的工资，这样，我们就能很明显地看到：劳动力的价值和劳动力在劳动过程中创造的价值是两个不对等的量。此时剩余价值产生，货币就转化为资本。

需要强调的是，货币转化为资本有一个本质的先决条件：劳动力成为商品。劳动力成为商品又需要具备两个条件："第一，劳动者是自由人，能够把自己的劳动力当作自己的商品来支配；第二，劳动者没有别的商品可以出卖，自由得一无所有，没有任何实现自己的劳动力所必须的物质条件。"① 而且，货币所有者与劳动力所有者之间不是历史上就形成的关系，"它本身显然是以往历史发展的结果，……是一系列陈旧的社会生产形态灭亡的产物"②，封建社会的的崩溃产生了大量的自由劳动力，而且当时世界贸易和世界市场已经开始形成，于是，大量的货币开始转变为资本，以生产剩余价值为目的的资本主义生产方式逐渐占据支配地位。

二、批判杜林对马克思资本学说的抄袭，分析杜林和马克思关于资本问题的不同观点

关于资本，马克思说它不是指已经生产出来的生产资料的经济学概念，一定的价值额，只有在它利用自己创造出剩余价值的时候，才会变为资本，它实质上反映的是人与人之间的一种关系。

杜林对资本的定义：资本是经济权力手段的主干，它被用来继续进行生产并构成一般劳动力成果中的份额。首先，他认为资本作为经济权力手段被用来继续进行生产，也就是说把资本看作生产资料这个经济学概念。这一点与马克思的观点相矛盾；其次，他又说资本是构成"一般劳动力成果中的份额"，即没有产生剩余价值或至少没有构成剩余产品时，就不是资本，换句话说，资本是能够占有别人劳动力成果的那部分生产资料，这一点实际上是对马克思关于占有劳动者剩余价值的说法的抄袭。第二个观点认为只有能占有别人劳动成果的生产资料才是资本，与第一个观点中认为的资本就是所有的生产资料自相矛盾。

而且，杜林把资本看作是种"社会力量"和"社会职能"，有了

---

① 《马克思主义基本原理概论》，高等教育出版社 2010 年版，第 154 页。
② 恩格斯：《反杜林论》，人民出版社 1970 年版，第 203 页。

这种力量和职能就能把别人的劳动成果攫为己有。这一点，马克思在之前就已经第一个强调了这种"社会职能"。但二者的不同点在于，杜林把它当作历史存在的永恒概念，马克思把它看作是一个历史阶段。恩格斯在批判杜林的观点时，指出：杜林早已经用两个男人的冒险向我们说明，当一个人通过暴力制服另一个人时，他就把自己的生产资料转化为了资本，这样，一定价值额转化为资本的社会职能就有了开端，而且杜林还说过，资本的这种职能也正好是必然会消失的，因此这个既有开端又有终结的"社会职能"就和马克思认为是一个历史阶段是一回事了。

马克思的资本观念和杜林的资本观念最大区别在于，杜林把剩余价值与剩余产品等同，因此认为只要能提供任何形式的剩余劳动的任何数量的生产资料都可以解释为资本。马克思提出不同的观点，在他看来：只要在社会上有人对生产资料拥有垄断权，那么劳动者不管是自由的还是被迫的，除了维持自身生活所必需的劳动时间之外，必定会追加额外的劳动时间为生产资料所有者生产剩余产品，这是到目前为止的阶级对立社会中的共同点。而生产资料要具有资本的特殊性质还必须同时具备以下 3 点：一是剩余劳动的产品采取了剩余价值的形式；二是有自由的劳动者，而且这种劳动力自由得一无所有；三是生产资料所有者为了生产商品而剥削劳动者。相反地，杜林从"构成一般劳动力成果中的份额"的观点出发，把只要能带来剩余劳动的生产资料都称为资本，这实际上是杜林企图用马克思发现的剩余劳动的观点去消灭马克思的剩余价值观点，因此按照杜林的观点，我们可以说，只要是以某种方式为生产剩余劳动的生产服务，就都是资本。这样，杜林的资本就不是指已经是生产出来的生产资料这个流行概念，不经过生产的生产资料只要是为生产剩余产品服务，也是资本，所以他的资本概念也可以包括土地等自然资源。而且这一点实际上相似于古典经济学主张的已经产生出来的生产资料或某一价值额之所以能成为资本，那只是因为它产生了利润或利息，就是说，它以剩余价值的形式并且又是以剩余价值的这两个特定的具体形式去占有无偿劳动的剩余产品，资产阶级经济学家把利润和利息当作剩余价值实际上是掩盖资本家对工人的剥削。

"只有在资本本身出现的时候，在动产为了生产商品而剥削自由劳动者的剩余劳动，因而也越来越具有资本的职能的时候"①，现代意义上的资本才产生。而且马克思第一个对这种资本进行了分析，把资本概念与以前古典资产阶级经济学和社会主义者的错误观念相区分，与客观历史事实相协调。杜林想采取马克思这种"终极的最严格的科学性"处理问题，但在实际问题上，他一方面把资本看作永恒概念，把资本是一个历史阶段的说法称为"历史幻想和逻辑幻想的杂种"，另一方面又说资本是一个历史阶段，把一切能产生剩余劳动的生产资料定义为资本，甚至包含为生产剩余价值提供场所的地产，但他后面又将地产和地租同资本和利润分开，只把产生利息和利润的生产资料叫作资本。

最后，恩格斯总结杜林的观点指出，杜林认为全部以往的历史都是围绕着暴力和劳动两个轴心旋转，他全部经济学的智慧都表现在他的"宪法"中：第一条，劳动进行生产。第二条，暴力进行分配。而且认为资本主义社会的生产是好的，人们要安分守己地为资本家进行生产劳动，分配是通过暴力、剥削和压迫实现的，因此要将其消灭。从而割裂了生产和分配的关系，只谈分配上的不平等，不谈产生这种现象的经济基础，实质上是维护剥削阶级的统治。

---

① 恩格斯：《反杜林论》，人民出版社 1970 年版，第 207 页。

第八节 资本剥削的秘密与剩余价值

杜林曾攻击马克思的剩余价值理论是谬论，还是不道德的表现。并认为只有用高尚的道德情感表达出对剥削性质的愤怒才是合理的。对此，恩格斯在《反杜林论》中批判杜林把剩余价值等同于通过暴力产生的利润，并且针对杜林认为的利润全部被资本家占有论证了剩余价值的分配情况。

一、批判杜林把剩余价值等同于利润的错误观点，说明利润只是剩余价值的一种表现形式

杜林认为：工作日的延长是落入资本家手中的纯粹靠压榨而得的赢利。这样，他就把马克思的剩余价值看作资本赢利或利润，而且全部被资本家占有。恩格斯对这种观点的批判主要借助马克思在《资本论》中的观点。首先，马克思批判李嘉图对剩余价值的研究没有撇开特殊形式的剩余价值，因而把支配剩余价值率的规律与支配利润率的规律相等同。我们知道可变资本是资本家用来购买劳动力的那部分价值，剩余价值率是剩余价值和可变资本的比值，它反映的是资本家对工人的剥削程度，利润率是剩余价值与资本家全部预付资本的比值，它反映的是全部预付资本的增殖程度，因此，剩余价值率和利润率是两个不同的东西，马克思从相反的观点出发，得出结论：同一个剩余价值率可以表现为不相同的利润率，在一定情况下，不同的剩余价值率也可以表现为统一利润率，资本赢利或利润只是剩余价值的一部

分，而且甚至只是剩余价值的一小部分。其次，针对杜林认为的利润全部被资本家占有的说法，马克思认为：资本家把工人无偿劳动生产的剩余价值固定在商品上，资本家是剩余价值的第一个占有者，但并不是全部剩余价值的占有者，他还必须同在社会生产过程中执行其他职能的资本家共同瓜分所得的剩余价值，例如要与土地所有者瓜分地租等，因此剩余价值具有利润、商业利润、地租等等形式。

二、恩格斯针对杜林在剩余价值分配上出现的问题，论述剩余价值如何被各类资本家所占有

杜林首先攻击马克思的剩余价值理论是"不正确的措辞"，进而歪曲马克思对资本主义的剥削性质的愤怒是"不道德的表现形式"，认为自己可以通过高尚性质的道德情感表达出对剥削性质的"一种更强烈的愤怒"。

杜林向马克思的学说提出了一个问题："互相竞争的企业家怎么能够持续地按照远远高出（如上文剩余劳动时间的比例所指出的）自然生产费用的价格出卖包括剩余产品在内的全部劳动产品。"① 恩格斯从两个方面对这个问题进行了回答：

首先，恩格斯指出，马克思并没有假定过剩余产品都被它的第一个占有者即资本家按照它的全部价值出卖。马克思说过剩余价值会以多种形式卖出，以商业赢利为例，商业赢利是剩余价值的一部分，而且当工厂主在把自己的产品卖给商人时，会把工人生产的全部剩余价值的一部分转让给商人，这样自己的产品有销路，不仅自己能获得剩余价值，而且商人也会有商业赢利，因此，工厂主不仅不会独占剩余

---

① 恩格斯：《反杜林论》，人民出版社1970年版，第210页。

价值，而且是按照比商品的全部价值还要低的价值将产品转给商人的。

其次，按照马克思对商业赢利的分析，杜林对马克思提出的问题实质上是：剩余价值如何转化成其他特殊形式的，即利润、利息、商业利润和地租等等形式是如何实现的。这个问题原本是马克思要在《资本论》第三卷要解决的问题，但杜林急于得到回答，恩格斯运用第一卷的观点指出，在剩余价值的分配上，竞争起主要作用。而杜林正是不明白为什么相互竞争的企业家却可以按照高出自然生产付费的价格出售。杜林对自然生产费用解释为"劳动或力量的支出"，即用于原料、劳动资料和工资上的花费，我们知道企业家生产的目的是为了最大限度地获得剩余价值，因此就必然会在自然生产费用的基础上加上一部分费用，作为生产根本没有生产费用的剩余产品的费用。而且，"资本家并不是把剩余价值看作可变资本的产物，而是把它看作全部预付资本的产物和增加额，剩余价值便取得了利润的形式。当剩余价值转化为利润时，剩余价值与可变资本的关系便被掩盖了。资本主义生产的目的是为了获得利润。为了得到尽可能高的利润率和尽可能多的利润，不同生产部门的资本家之间必然展开激烈的竞争，大量资本必然从利润率低的部门转投到利润率高的部门，从而导致利润率平均化，这是剩余价值规律和竞争规律作用的必然结果，体现着不同部门的资本家集团按照等量资本要求依等量利润的原则来瓜分剩余价值的关系。在利润率平均化的过程中，形成了社会的平均利润率。按照平均利润率来计算和获得的利润，叫作平均利润。在利润平均化的过程中，产业资本家得到产业利润，商业资本家得到商业利润，银行资本家得到银行利润，土地所有者得到地租，这些不同部门的资本家瓜分到的利润只是平均利润。平均利润率规律的作用表明，平均利润率是剩余价值总量对社会总资本的比率。每个资本家所得利润多少不仅取决于他对本企业工人的剥削程度，而且还取决于整个资产阶级对整个工人阶级的剥削程度。资本家之间在瓜分剩余价值上固然有一定程度的利害冲突，但在加强对工人阶级的剥削以榨取更大量的剩余价值这一点上，有着共同的阶级利益。"①

三、批判杜林关于暴力产生利润和分配的观点

对于相互竞争的企业家为什么能够持续地按照高出自然生产费用的价格出卖劳动产品，杜林先是搪塞地说资本赢利凌驾于竞争之上，但资本赢利怎样才能达到比竞争更有力的方法，他并没有向我们说明，而且，他认为的"企业家在这方面作为一个等级来行动，而每一个企业家则保持住自己的地位"②的说法也是不能令人信服的，例如，中世纪的行会师傅、1789年的法国贵族都是作为一个等级来行动，但最后都没落了。除此之外，杜林还提出了另一种说法：资本的支配是和土地的支配密切相关地增长起来的，在地租之后，形成了资本利润，作为财产租金的第二种形式。这种说法把资本利润看作地租之后的产物，仍然没有具体回答资本利润是如何产生的问题，因此它终究只是空洞的论断，而且，地租反映的是封建社会的生产关系，资本利润反映的是资本主义的生产关系，因此是种历史错误的论断。

杜林在解释不清楚资本利润如何产生时，就只能简单地发号施令说：资本所有权，如果不同时包含着控制人这一材料的间接暴力，就没有任何实际意义，而且也不能被运用。这里体现了在前一章中杜林宪法的第二条：暴力进行分配，但是我们知道暴力只能够夺取利润，不能产生利润，因此不仅资本利润的形成问题没有解决，还生产了3

---

① 《马克思主义基本原理概论》，高等教育出版社2010年版，第168页。
② 恩格斯：《反杜林论》，人民出版社1970年版，第212页。

个新问题：资本是怎样获得暴力的；暴力是如何实现资本增值，转化为利润的；暴力夺取的利润来自哪里。恩格斯批判杜林说把任何问题都归结为暴力，一是为了把不能解决的经济问题转移到政治上，二是用暴力解决经济问题，就没办法解释暴力本身的形成，从而忽视暴力产生于经济条件的这一事实。

四、批判杜林的观点表面上歪曲马克思剩余价值论事实上对其进行抄袭

杜林最后又用关于工资的论述来说明资本赢利问题。他认为："工资是维持劳动力的报酬，并且首先只是被当作地租和资本赢利的基础来考察的。……在任何情况下，因利用劳动力而得到的纯收益构成雇主的收入……由此可见……特别是主要的对立——由于这种对立，一方面是某种形式的财产租金，另一方面是无产的雇佣劳动——不能仅仅从一方面去找，而必须同时从双方去找。"[①] 首先，杜林分析财产租金，认为财产租金是地租和资本赢利的共同表现，资本赢利是占有劳动力收益的最主要的部分。其次，工资是保证工人维持生活和有可能延续后代的报酬。因此，在雇主的所有收益中，财产租金占得比重大，工人得到的工资就少，相反，工人获得的工资多，财产租金就少。雇主生产的目的是为了尽可能多地获得属于财产租金的资本赢利，因此就要从工人身上获得尽可能多的剩余价值。

对比以前的观点，杜林对资本赢利的分析不禁让我们大吃一惊。在以前的分析中，杜林把商品的价值或价格分为两部分：一部分是"生产价值"，即用于原料、劳动资料和工资的自然生产费用；另一部

---

① 恩格斯：《反杜林论》，人民出版社 1970 年版，第 215 页。

分是"分配价值",即生产资料的垄断阶级利用手中的利剑获得的附加税,因为这种附加税一手获得后另一手又必须归还,所以他并不能改变财富的分配情况,而且杜林也没有解释这种被掠夺的财富从哪里来,因此是虚无的。但是,杜林在论述收入的分类上表现出来的科学性与前面形成鲜明的对比,他认为收入分为两部分:一是生产费用,其中也包括工人的工资;二是由劳动者生产却被雇主无偿占有的纯收益,它构成雇主的收入。

恩格斯指出,只要杜林对收入分类的科学分类进行分析就会发现,它是抄袭了马克思在《资本论》中对剩余劳动、剩余产品、剩余价值的观点:

首先,杜林认识到,不管是在奴隶社会的奴隶制、封建社会的依附农奴制或者资本主义社会的雇佣劳动制度下产生的各种形式的剩余劳动,它们都是目前为止一切统治阶级的收入源泉。这个观点马克思在《资本论》中不止一次地提及,例如资本并没有发明剩余劳动等等观点。

其次,杜林认为构成雇主收入的"纯收益",是劳动产品超出报酬的那部分剩余。尽管在这里杜林把劳动者的工资称为报酬,但实质上并没有变化,都是保证工人维持生活和有可能延续后代。对于这个观点,马克思指出:"资本家从工人身上榨取的劳动多于再生产工人所消费的生活资料所必需的劳动,就是说,资本家使工人劳动的时间长于补偿那支付给工人的工资的价值所需要的时间。"① 而且,杜林口中雇主的"纯收益",正是指马克思的剩余产品和剩余价值。

再次,杜林把雇主的"纯收益"称为"财产租金","财产租金"是杜林从洛贝尔图斯那里抄来的名词。洛贝尔图斯用租金代指地租和

---

① 恩格斯:《反杜林论》,人民出版社 1970 年版,第 216 页。

资本租金或资本赢利，杜林只是在前面加了了"财产"。这里的"财产租金"实际上就是马克思的剩余价值，杜林只是把马克思关于劳动力价格和剩余价值的量的变动的规律做了同义反复：财产租金之所得，必定是工资之所失去。杜林的这个变化并没有对其内容改动，一定的量包括劳动力的工资和雇主的收入，其中一部分减少，另一部分必定会增加，反之亦然。

杜林一方面批判马克思的剩余价值指的仅仅是利润和资本赢利，在财产租金的掩护下抄袭了马克思真正的剩余价值，另一方面又警告自己的读者，为了提防历史幻想和逻辑幻想的杂种、黑格尔的混乱的模糊观念和遁词，不要去研究"马克思先生称作资本的那个线球"。

第九节　地　租

杜林否认地租农场主的赢利是资本利润，不同意把资本利润看作是地租，进而否定马克思提出的地租理论。恩格斯在《反杜林论》中对此进行了批判，继续对剩余价值的分配进行分析，恩格斯批判杜林把陈旧的平凡事实当作"经济的自然规律"，批判他在地租问题上的错误观念，阐明资本主义地租是剩余价值的转化形式。

一、批判杜林的"经济的自然规律"

在这一章开始，恩格斯指出杜林要求建立一种新的、不仅满足时代而且成为时代标准的体系，并最终"成功地"提出了"经济的自然规律"：

第一条规律："经济手段、自然资源和人力的生产率因发明和发现而提高。"

第二条规律：分工："职业的区分和活动的分散提高了劳动生产率。"

第三条规律："距离和运输是阻碍和促进生产力的协作的主要原因。"

第四条规律："工业国家比农业国家具有大得无可比拟的人口容量。"

第五条规律："在经济方面，任何事情没有物质利益是不能完成的。"

对于第一条规律，恩格斯批判地认为，在很多情况下发现和发明能够提高劳动生产率，但不排除有些发明并没有给现实生活带来便利的情况。而且，杜林将这些陈旧的平凡事实当作经济学的基本规律，只是给平凡的事实改了个名称，"如果这样的东西应该被看作国民经济学的智慧，那末《批判基础》的作者，就可以同任何一个一般地思考——甚至同仅仅信口议论——不言而喻的事情的人共有这样的智慧了"[①]。

对于第二条规律，恩格斯批判的指出，从亚当·斯密以来，这就已经是老生常谈的东西。而且，杜林所谓的"经济学的自然规律"实际上是用他在哲学上已经陈述过的方法，从无聊的陈词滥调中抽取出不言而喻的语句构成不需要证明的公理、基本原则、自然规律，而且在有些地方是错误的理解或者是自以为是的臆想。

二、批判杜林在地租问题上的错误观点

关于地租、资本利润和工资的问题，杜林已经在前面论述了后两

---

① 恩格斯：《反杜林论》，人民出版社 1970 年版，第 219 页。

者，接下来开始阐述他对地租问题的看法：

杜林认为，地租是土地所有者本身从土地上得到的收入。恩格斯批判地指出，这个定义将地租这个属于原本属于经济学的概念翻译成了法律上的词汇，它只是说明了地租应该归土地所有者所有，并没有解释它所反映的生产关系。马克思把地租定义为，是以土地所有权，以某些个人对某些地块的所有权为前提的，不论地租有什么独特的形式，它的一切类型具有一个共同点：地租的占有是土地所有权借以实现的经济形式。也就是说，一切形式的地租，都是凭借土地所有权而取得的收入，即凭借土地所有权对剩余产品的占有。

杜林否认地租农场主的赢利是资本利润，而把资本利润看作是地租，恩格斯针对他列举的两种情况分别进行了批判：

首先，杜林认为，当地主自己经营土地时，把地租加以分解会发现它包括两部分：一是仿佛代表土地的利息，二是代表企业家的剩余的赢利。对于杜林对地租的分解，恩格斯指出，在德国大部分地区地主都是通过管理人经营土地的。如果地主由自己经营，那么收入分为两部分：一是自己作为地主的地租，二是自己作为自己的租地农场主的利润。人们容易将地租和利润相混淆，杜林把地租的一部分看作企业家剩余的赢利是错误的，他的地租定义掩盖了资本主义地租的性质，否定地租是剩余价值的一部分，因而也就否定了资本主义的剥削实质。

其次，杜林认为租地农场主的赢利是没有被明确地提出过的，人们好像把租地农场主的特殊盈利大部分看作一种工资，因此对它的判断是非常危险的，租地农场主的所得要通过剥削农业劳动力才能实现，租地农场主在支付完地租后，留在手里的其实还是一部分的地租。恩格斯批判杜林的这种看法，认为当地租农场主租用土地雇佣别人进行生产时，我们就看到了资产阶级社会的 3 个阶级，以及各阶级所特有的收入：地主占有地租，资本家占有利润，工人获得工资。这与杜林所说的租地农场主在支付完地租后手中所剩的是一部分地租不同，恩格斯指出，最后留在他手里的是资本利润而不是地租。

此外，恩格斯还批判杜林把租地农场主的赢利当作"一部分地租"的观点：

杜林提出：租地农场主的赢利以对"农业劳动力"的剥削为基础，所以显然是"一部分地租"，因而那种本来应该完全装入地主腰包的"全部地租就减少了"。

恩格斯批判地指出，从杜林的这个观点我们可以看出两点：第一，租地农场主的赢利是一部分地租，因此地租农场主使地主的地租"减少"了，这跟一般人到目前为止的设想是把不同的，也就是说，不是租地农场主把地租付给了地主，而是地主把地租的一部分付给了租地农场主；第二，杜林所说的地租跟我们以前所认为的也不是一回事，他把地租设想为剥削农业劳动得到的全部剩余产品，除几个庸俗经济学家外，以前的经济学把剩余产品分为地租和资本利润。

这样，杜林就扩大了地租的概念，将它与资本赢利等同，二者的区别仅仅在于：地租产生于农业，资本赢利产生于手工业和商业。而对于英国租地农场主的利润被分为地租和资本利润，杜林采取逃避的办法，对于已经被整个古典经济学家所承认的剩余产品分为地租和租地农场主的利润这个纯粹的精确的地租概念，他也假装不知道，并试图在行使普鲁士邦法的区域让人们相信他的最新发现："不是租地农场主把地租付给地主，而是地主把地租付给租地农场主。"[①]

---

① 恩格斯：《反杜林论》，人民出版社 1970 年版，第 224 页。

第十节 批判经济思想史中的虚无主义

杜林称自己的经济学是"完全没有先驱者"的，但是杜林的很多观点都是从以前的经济学家那里抄袭来的。为了批判杜林在《国民经济学批判史》中的观点，马克思在《反杜林论》中揭露了杜林经济学的各种错误。

一、批判杜林否定古希腊的经济思想

杜林提出，经济学说是非常现代的现象。这一点，马克思在《资本论》中说过，到工场手工业时期，政治经济学才作为一门独立的科学产生，而且在《政治经济学批判》中也指出，古典政治经济学的发展在英国是从威廉·配第开始到李嘉图结束，在法国从布阿吉尔贝尔开始到西斯蒙第结束。杜林正是按照政治经济学的发展道路发展的，但他却又提出，高级经济学只是随着资产阶级科学在其古典时期结束之后所发生的可怜的流产才开始的，因此，杜林称自己的经济学是没有先驱者的。马克思批判指出，杜林所说的高级经济学无非是对资本主义生产时期的经济的的科学理解，里面很多的原则和定理早在古希腊社会就已经产生，例如生产、贸易、货币、生息资本等等，但杜林却把中世纪的所有经济理论都看作非科学的，从而否定了现代经济学理论的出发点。马克思通过列举古希腊的经济学理论，批判杜林的错误观点：

首先，马克思运用亚里士多德关于货物和货币的观点批判杜林。亚里士多德认为货物有两种作用，一种是它本身的自然功能，另一个是可以用来交换，而且交换一般是为了获得别的东西，所以，交换不是利用货物的自然用途。例如，鞋既可以自己穿又可以用来交换。马克思认为亚里士多德已经发现使用价值和交换价值的区别。杜林却歪曲这种观点，不但表达得很迂腐，很有学究气味，而且讽刺马克思从中发现剩余价值和交换价值是很滑稽的。从这种错误的观点出发，杜林在他的经济学中，将使用价值和交换价值看作是已经永远终结的。此外，亚里士多德还发现了货币在流通中的两种不同形式，一种是货币执行流通手段的职能，即商品—货币—商品；另一种是货币执行货币资本的职能，即货币—商品—货币，而且他还分析了货币作为价值尺度的作用。杜林污蔑亚里士多德只知道以货币为媒介的交换替代了物物交换，而且歪曲亚里士多德的发现只是表现了"某种道德的嫌恶"。

其次，马克思运用柏拉图关于分工的观点批判杜林。柏拉图把分工描述为城市的（在希腊人看来，城市等于国家）的自然基础，在一个国家中，大家分工合作，互相帮助，满足生活上各方面要求。马克思提出古代对分工的见解和现代的见解是"最严格的对立"的，但是柏拉图的观点是天才的描述。杜林因为柏拉图没有提到分工和市场的关系，所以对他的观点采取傲慢的态度。马克思补充提到希腊人色诺芬发现分工的规模取决于市场的大小，而且罗雪尔虽然误把亚当·斯密当成了分工规律的发现者，但他找到了划分分工的界限。马克思强调指出，不是市场造成资本主义的分工，相反地，是以前的社会关系的瓦解以及由此产生的分工产生了市场。

二、揭露杜林对重商主义的无知

德国资产阶级庸俗经济学家李斯特在《政治经济学国民体系》中提到，安东尼奥·塞拉所写的关于如何供给国王以丰富金银的著作，是意大利第一本专门的政治经济学著作。杜林相信了这种说法，并把塞拉的《略论》当作经济学的最新前史的某种入门牌号，即看作重商主义的最重要的代表作。但是，事实上，在塞拉的《略论》出版前4年，托马斯·曼就已经发表过《论英国与东印度的贸易》，它一直是重商主义的福音书。因此，有资格作为经济学的最新前史的某种入门牌号的应该是《论英国与东印度的贸易》，这充分暴露了杜林对重商主义的无知。

三、批判杜林对威廉·配第的错误把握

威廉·配第是英国古典政治经济学的创始人，他在《赋税论》中对商品的价值量作了十分清楚和正确的分析，是第一个提出劳动价值论的人。威廉·配第指出商品的价值量是由等量劳动来计量的，并用需要等量劳动来生产的贵金属和谷物具有同一价值的例子来说明价值量，通过等量劳动进行估价是平衡和衡量各种价值的基础。但是在它的上层建筑和实际应用中，情况是错综复杂的，因此，为了达到某些具体的目的，配第又走上了另外一条道路：在土地和劳动之间找到自然的等量关系，价值可以在二者之一或在二者中表现出来。马克思指出，配第虽然把商品的价值和使用价值两个概念混淆在一起，但是这一错误却开始涉及到商品的二重性问题，因此马克思说，这个迷雾本身就是天才的构想。而且，配第重商主义见解的最后痕迹在他的《货币略论》中消失了。马克思把配第称为"最有天才的和最有创见的经济研究家"，杜林则污蔑配第"理论思想的火花没有整齐地作为现成的'公理'高傲地表现出来，而只是从对'杂粮'的实际材料的研究中，例如对租税的探究中，散乱地迸发出来。"①

----

① 恩格斯：《反杜林论》，人民出版社1970年版，第230页。

此外，马克思认为不管是配第后来用土地和劳动来分析价值时造成的对立见解，还是亚当·斯密看到 3 种尖锐对立的关于价值的看法，那都是自然的，因为政治经济学的创始人要针对价值进行不同的摸索、试验，并且同各种观念的混乱状态进行斗争才能确定正确的价值论观点。但杜林提供 5 种不同的价值以及同等数量的对立见解是十分奇怪的，是思考不缜密的表现。

四、批判杜林把布阿吉尔贝尔和罗的观点看作是统一的

布阿吉尔贝尔认为，金属货币在执行流通手段职能时，可以被信用货币（一块纸片）所代替，即纸片可以替代金属货币执行流通手段的职能，因为纸币不是商品没有价值，因此增加纸币并不意味着增加国家财富。但是罗认为小纸片的增加表示国家财富的增加。杜林混淆了二者的关系，认为他们的主张是一致的，而且认为罗是要用纸币完全抛弃贵金属的基础。马克思批判指出，罗并不是要用纸蝴蝶抛弃贵金属的基础，而是为了把它从公众的钱袋诱入空虚的国库中。

五、批判杜林否定洛克、诺思的思想

杜林歪曲洛克的观点没有超出重商主义的范围，关于利率的观点也和许多生意人相似。马克思指出，洛克实际上是对配第经济理论的继承和发展。洛克在他的《论降低利息和提高货币价值》中把货币的利息和土地的地租并列，并认为人们对利息的限制是无效的，这一点是继承配第的利息理论。配第在他的《赋税论》中指出，利息作为高利贷的货币租金是和土地的和房屋的租金相并列的，并且地主想用法律来压低货币

租金的做法是徒劳无益的。此外，配第在《货币略论》中，"还对于货币价值的提高（例如，为了使半先令具有一先令的名义，就用一盎司银铸造出两倍数量的先令）说出了永远具有标准意义的见解"[1]，即降低货币所含的金银量并不会使国家多得金银或财富，这些观点都被洛克所继承。

诺思也是配第经济学思想的继承者。他在继承配第地租思想的基础上，进一步把利息作为资本的租金和地租相对立，进而实现了资本家和地主的对立。关于配第利息自由的观点，诺思是无条件地接受，这一点与洛克不同。杜林抨击诺思是重商主义者，而且他的《贸易论》是按照"自由贸易的精神"写的。马克思反驳说，诺思的著作是关于自由贸易学说的古典的、始终一贯的论述，杜林对诺思的污蔑就像说哈维作为血液循环的创始人，他的著作是按照血液循环的"精神"写的是一个道理。最后，杜林说诺思是一个"商人"，也是一个坏家伙，因此他的著作不会得到领导者的赞许，马克思解释说，当时英国采用保护关税制度，因此诺思主张贸易自由的思想自然不会得到赞许，"可是这并不妨碍这部著作立刻发生理论上的影响，这一影响，在随后不久于英国出版的（其中一部分还是在 17 世纪出版的）一系列经济著作中，都可以看到"[2]。

马克思借用洛克和诺思的经济思想向我们证明，配第的思想几乎涉及了政治经济学的一切领域，并被后来的继承者们继承和发展。在1691 年到 1752 年这段时期，对研究政治经济学的逐渐产生来说是最重要的时期，很多经济著作无论是反对还是赞同配第，总是涉及配第的思想和观点。马克思在《资本论》也极其重视配第以及那一时期的其他作家，但杜林却把他们从历史上"一笔勾销"了，对以往的经济学采取全盘否定的态度。

---

[1]　恩格斯：《反杜林论》，人民出版社 1970 年版，第 223 页。
[2]　恩格斯：《反杜林论》，人民出版社 1970 年版，第 234 页。

六、批判杜林关于休谟的观点

马克思首先指出，休谟的经济思想很多都是抄袭杰科布·范德林特在《货币万能》中的观点，例如，把货币看作单纯的价值符号；贸易差额平衡是由各个国家的不同经济状况决定；提倡自由贸易；需要是生产的推动力；有价证券影响商品的价格；反对信用货币；商品价格取决于劳动价格，也就是取决于工资等等观点。

休谟的货币论主张，货币只是单纯的价值符号，在其他条件相等的条件下，商品的价格会随着流通中货币量的变化而变化。当流通中的货币量增加时，商品的价格会按照相同的比例增高；当流通中的货币量减少时，商品的价格会按照相同的比例降低。但是，休谟在论证这个理论时对自己的观点却提出了异议：美洲的金银矿被发现意味着货币的数量增加了，但是由于开采技术的提高，每单位的金银耗费的劳动量减少，金银本身的价值也就降低了，用这种降低了价值的货币来表示商品的价格时，商品的价格就上涨了。换句话说，当金银货币增加时，商品的价格反倒降低了，这显然与他自己提出的观点矛盾。马克思指出，休谟对这种贵金属作为价值尺度所发生的革命是正确的发现，而且他也看到这种变化并不紧跟着这种增加而来，而是需要一些时间，直到货币流通到全国并使各界人民都感觉到它的影响的时候，即贵金属数量增加对劳动工资的影响是缓慢的，这就使商人和资本家能够在牺牲工人的前提下获得更多的利润。但马克思说，休谟仅仅把商品价值的上涨归因于贵金属货币数量的增加，而忽略了贵金属自身的贬值，实际上没有提出真正科学的问题，即贵金属供给的增加，在其价值不变的情况下，是否会影响和怎样影响商品的价格；他把贵金属的任何增加都和它的贬值混为一谈，而关于这个问题，马克思在

《政治经济学批判》中作了分析。

休谟的利息理论和洛克的不同，他认为，利息不是由现有的货币量来调节，而是由利润率来调节，而且利息率的高低由借贷资本的供给决定。马克思指出，休谟的利息理论是对约·马西的抄袭，但他们两个没有看到利息和利润都是剩余价值的表现形式，因此，马克思说：马西和休谟两个人对于在他们学说中起作用的"利润"的本性，什么都不知道，什么也没有说到。

针对杜林在他的著作中一直偏袒休谟，并把他吹嘘为第一流的经济学泰斗，马克思从以下几点进行了批判：其一，休谟的很多观点都是无聊的陈词滥调，而杜林认为这都是别人对休谟的偏见，例如，他提出的利息率高低是某一民族繁荣状态的最可靠标志的说法，在100年前就被柴尔德提出并流行于世。其二，杜林偏袒休谟是因为他的无知使他看不到休谟的错误，例如，休谟把贵金属的任何增加同商品价值尺度发生革命的增加混为一谈，杜林因为不了解贵金属价值尺度的职能，因此他丝毫不懂得价值本身。其三，休谟的著作对当时英国迅速发展的资本主义社会作了进步的和乐观的赞扬，因此他的著作必然会得到资本主义社会的赞许，这一点与杜林是相似的，例如，为了维护统治阶级的利益，他赞同实行间接税制度，而且由于支持辉格党寡头统治，后来得到副国务大臣的官职。因此，马克思说杜林吹捧休谟是因为休谟扮演了18世纪的杜林。

七、揭露杜林对魁奈《经济表》的无知，马克思对经济表作了科学分析

魁奈是重农主义的代表，他们"把农业看作为唯一的生产部门，认为只有农业才提供'纯收入'（是农产品扣除种子和农业生产者工

资后的余额），工业是不生产的部门，因为工业只是将农业原料进行加工，使之适合于人类的各种需要，但不能使物质财富的数量更为增加，不能提供纯产品"[①]。魁奈的《经济表》主要说明的是一个国家总财富的生产和流通的问题。

杜林主张，要先准确的研究魁奈所特有的指导概念，然后才能确定生产和分配关系的经济图表对魁奈本人有什么意义。杜林分析《经济表》中耗费和成果时，一方面认为"农产品"应该被作为"货币价值"来理解和处理，其中包含着"纯产品"或"纯收入"的货币价值；另一方面又说"纯产品作为自然对象进入流通中，它因此变成一种……维持……所谓不生产阶级的原素"[②]。因此，杜林认为经济表中既有"货币价值"，又把各类产品列为"自然对象"，从而陷入一种混乱，而且他自己也承认，他不懂得重农学派。

马克思对魁奈经济表做了简短的说明：

首先，重农学派把社会分成3个阶级：租地农场主，即真正从事农业生产的阶级，包括租地农场主和农业工人，他们的劳动提供的剩余以地租的形式交给土地所有者；土地所有者，即占有地租的阶级，包括土地所有者和依附于他们的家仆，君主以及所有由国家付给薪俸的官吏，最后还包括以什一税占有者这一特殊身份出现的教会；从事工商业的或不生产的（不结果实的）阶级，在重农学派看来，他们在由生产阶级供给他们的原料中所加上的价值，等于他们所消费的由生产阶级供给他们的生活资料的价值。

其次，经济表的几个前提：一是采用租佃制度以及与之一起的大规模的农业生产；二是为简单起见，采用固定价格和简单再生产；三是在一个阶级内部发生的任何流通，都置之不顾，而只考虑阶级和阶

---

① 《〈反杜林论〉释注》，山东人民出版社1982年版，第239页。
② 恩格斯：《反杜林论》，人民出版社1970年版，第242页。

级之间的流通；四是在生产年度内阶级与阶级间所进行的一切买卖，都合算成一个总数；五是农民家庭的家庭工业供给了极大部分非食品类的用品，家庭工业被看做农业的附属物。

最后，对魁奈经济表流通开始前和流通过程以及流通结果的分析：

流通开始前，魁奈假定租地农场主投入 100 亿利弗尔作为原预付，假定这种原预付可以用 10 年，每年的实际原预付就是 10 亿，而且每年投入 20 亿利弗尔作为年预付。经过一年的生产实践，租地农场主创造出价值 50 亿利弗尔的总产品，这 50 亿总产品，从实物形态上来看，包括 40 亿利弗尔的粮食和 10 亿利弗尔的工业原料，从价值形态看包括 30 亿的"成本"和 20 亿的剩余产品，其中 30 亿的"成本"分为 10 亿的原预付和 20 亿年预付。在流通开始前，为了维持直接从事农业生产的人所需要的农产品、生活资料和原料等等，租地农场主要预先从总产品中拿出 20 亿利弗尔。而且在流通开始前，不生产阶级手中有 20 亿利弗尔的工业品，土地所有者手中有 20 亿利弗尔的地租。

整个流通过程包括商品流通和货币流通两种形式，一共发生了 5 次交换行为：其一，土地所有者用手中 20 亿地租中的 10 亿与租地农场主交换价值 10 亿的农产品；其二，土地所有者用手中剩余的 10 亿地租与不生产阶级交换价值 10 亿的工业品；其三，不生产阶级用从土地所有者那里得来的 10 亿地租与租地农场主交换 10 亿的农产品；其四，租地农场主用 10 亿利弗尔与不生产阶级交换 10 亿的工业品；其五，不生产阶级用从租地农场主那里得来的 10 亿利弗尔又与租地农场主交换相当于 10 亿的农业原料。

流通结束后，土地所有者手中拥有 10 亿的农产品和 10 亿的工业品；不生产阶级受手中拥有 10 亿农产品和 10 亿农业原料；租地农场主用参加流通的 20 亿粮食和 10 亿农业原料换得了 20 亿利弗尔和 10 亿工业品，另外，还有没参加流通的 20 亿粮食。

马克思指出，魁奈的经济表中存在着很多错误的观点。例如：魁奈认为只有农业是唯一的生产部门，工业不是生产部门，这种假设方法使他无法科学的研究再生产理论；魁奈将农场主和农业工人当做生产阶级，把工商业资本家和工人看作同一个阶级，从而对资本主义社会的阶级关系不能进行正确的把握；魁奈还把农产品的生产当作简单再生产过程，没有分析扩大再生产，因此，并没有涉及到对资本主义社会再生产特征的分析；魁奈把农业资本分为"年预付"和"原预付"，并没有对工业资本进行任何的划分；魁奈一方面把工业看作不生产的部门，另一方面他又规定在每年生产结束后，不生产阶级会有 20 亿的工业品，从而自相矛盾；不生产阶级将自己手中的 20 亿工业品分别与租地农场主和土地所有者相交换，并没有为自己留有用于消费的工业品。

尽管魁奈的经济表中存在着种种错误，但马克思仍然给予了极高的评价："这个尝试是在十八世纪三十至六十年代政治经济学幼年时期做出的，这是一个极有天才的思想，毫无疑问是政治经济学至今所提出的一切思想中最有天才的思想。"①

马克思对杜林进行最后的综合批判，指出："杜林先生大笔一挥，把 1691 年到 1752 年这一时期勾掉了，从未就把休谟的一切先驱者完全勾销了，同样，再把笔一挥，又把休谟和亚当·斯密之间的詹姆斯·斯图亚特爵士勾销了。"② 马克思还批判杜林把以前一切有价值的经济学家或者作为他的观点的"标准的"、更加深刻的基础的"萌芽"，或者是通过他们的不中用衬托他的基础的优越，此外，杜林还吸收了很多资产阶级庸俗经济学的观点。因此，马克思讽刺地说，要想在现在或以后研究政治经济学史的人们，与其研究杜林的"具有伟大风格的历史记述"，还不如读些远离这种具有伟大风格的书可靠。

---

① 《马克思恩格斯全集》第 26 卷，人民出版社 1974 年版，第 366 页。
② 恩格斯：《反杜林论》，人民出版社 1970 年版，第 251 页。

第四章 解读科学社会主义

第一节 《社会主义从空想到科学的发展》
英文版导言

一、《反杜林论》的写作背景和《社会主义从空想到科学的发展》基本情况

首先，论述《反杜林论》的写作背景。大约在 1875 年，杜林宣布改信社会主义，不仅提出一套小资产阶级社会主义理论，还提出了一个改造社会主义的实践计划。而当时的德国，刚刚建立了统一的社会主义工人党，杜林主义的产生欺骗了很多党内领导人和人们群众，腐蚀着德国的工人运动。而且杜林还建立宗派，大搞宗派活动，企图破坏刚刚统一的工人阶级组织。

德国人具有的"彻底的深思精神或深思的彻底精神"，使每一个

人在阐述他认为是新学说的时候，都构建一个包罗万象的体系。杜林就用《国民经济学和社会主义批判史》、《国民经济学和社会主义教程》和《哲学教程》3部著作，构建了哲学、经济学和社会主义体系，并以此作为向马克思主义进攻的三路辩证大军。杜林的体系包罗万象，这就决定了恩格斯在对其进行批判时需要涉及所有的和各种各样的问题，而且，在进行批判时可以科学的阐述马克思主义关于这些问题的观点，使《反杜林论》这部论战性的著作成为马克思主义的百科全书。恩格斯对杜林的批判最初是以论文的形式发表在社会党的中央机关报莱比锡的《前进报》上，后来整理成书，题为《欧根·杜林先生在科学中实行的变革》，并相继出版了第二版和第三版。

其次，《社会主义从空想到科学的发展》的基本情况介绍。《社会主义从空想到科学的发展》是恩格斯应他的朋友、法国社会主义者保尔·拉法格的请求，将《反杜林论》引论中的第一章和第三编的第一章和第二章汇编成的小册子。拉法格把这本小册子翻译成法文，并于1880年出版，书名为《空想社会主义和科学社会主义》。后来，这本书又出版了德文、意大利文、俄文、丹麦文、荷兰文、罗马尼亚文和英文等10种译本，为马克思主义的传播作出了重要贡献。

关于这本书的内容，恩格斯另外补充说明了两点：其一，附录《马尔克》是为了在德国社会党内传播若干关于德国土地所有制的历史和发展的基本知识、实现团结农业工人和农民的需要而写的。将这个附录收入英译本中，是因为考虑到一切日耳曼部落所共有的原始的土地占有形式及其衰亡的历史，在英国比在德国更不为人知。而且，这篇附录保持了原状，并没有涉及马克西姆·柯瓦列夫斯基最近提出的假设，即在马尔克的成员分割土地和草原之前，存在着庞大的宗法制家庭公社共同耕种土地，后来由于公社范围过大不便于共同经营，才出现分割公社土地的现象。其二，《空想社会主义和科学社会主义》

中的经济学名词和马克思在《资本论》英文版中所用到的一致。例如，书中的"商品经济"，指的是经济发展中的一个阶段，这个阶段的商品生产不仅是为了满足生产者自身的需要，而且也是为了交换的目的，即作为商品生产而不再仅仅是作为使用价值来生产。这个阶段从以交换为目的生产开始，一直持续到现在，而且只有在资本主义生产下才能获得充分的发展。中世纪以来的工业生产分为家庭手工业时期、工场手工业时期和现代机器大工业时期 3 个阶段。

二、概述近代英国对哲学基本问题的态度

恩格斯首先论述了近代英国唯物主义的发展。他指出：17 世纪以来，现代唯物主义的发源地正是英国。英国经院哲学家邓斯·司各脱提出"物质是否不能思维"的问题，并求助于上帝的万能，运用神学来宣传唯物主义。而且，他还是个唯名论者，唯名论作为唯物主义的最初形式，主要存在于英国经院哲学家中。

培根是英国唯物主义的第一个创始人。他把自然哲学看作唯一真正的哲学，把以感性经验为基础的物理学看作自然哲学最主要的组成部分，奠定了英国唯物主义主张的知识和观念起源于感性世界的基本原理。他认为，感觉是可靠的、是全部知识的源泉，而且全部科学都是以经验为基础、运用理性的研究方法整理感官所提供的材料。此外，培根还主张，运动是物质固有的第一个特性而且是最重要的特性，这种运动不单指机械的和数学的运动，而且更主要的是物质的动力、生命力、张力等等各种形式的运动，体现了培根哲学中包含的辩证法思想。恩格斯强调指出，培根主张的唯物主义还包含着多方面的萌芽："一方面，被赏心悦目的、诗意的魅力环绕着的物质似乎以迷人的微笑吸引着人的整个身心。另一方面，以格言形式表述出来的学说却充

满了神学的不彻底性。"① 这里主要是指培根把自然界看作是有声有色和丰富多彩的，因此"以迷人的微笑吸引着人的整个身心"，但是，承认上帝和宗教的存在使得他的唯物主义具有不彻底性。

霍布斯是培根唯物主义的继承者。他的最主要贡献是将培根的唯物主义系统化：首先，霍布斯建立了一个哲学体系，并把物体当作哲学的对象。在他看来，既然全部知识都是人们以经验为基础通过感觉器官整理感性材料获得的，因此，不可能把思维同思维着的物质分开，物质是一切世界上一切变化的基础。其次，既然我们只能够察觉到物质的东西，那么关于上帝的存在，我们就丝毫不能有所知了。只有我自己的存在才是确实可信的。这样，霍布斯就纠正了培根唯物主义中包含的神学不彻底性。但是，霍布斯的唯物主义思想在发展中也包含着片面因素：以感觉为基础的知识，失去了绚丽色彩，变成了数学家的抽象经验，物理运动也变成了机械运动；虽然霍布斯把培根的学说系统化，但是并没有论证培根关于人类的全部知识起源于感性世界的基本原则。这意味着霍布斯抛弃了培根唯物主义中的辩证法思想，认为任何事物都是进行着机械的运动，甚至丰富多彩的自然界也是由机械运动产生的。而且他把理性认识活动仅仅看作对事物"名称"进行加减的机械运动，认为我们通过感官认识的仅仅是个别的存在物，只承认个性的实在性，否认共性的实在性。

前面的内容是对近代英国唯物主义发展情况的阐释，下面恩格斯又分析了近代英国对哲学基本问题第二方面的看法，即思维能否正确认识存在的问题。

首先，恩格斯指出了英国人对宗教的执迷。19世纪中叶，英国资产阶级都执迷于宗教和各种不可思议的奇迹，而且，科学家们为了避

---

① 恩格斯：《反杜林论》，人民出版社1970年版，第326页。

免与创世纪的神话有太多的冲突，纷纷歪曲自己在科学上发现的事实，这让当时的唯物主义者感到非常惊奇。大约从 1851 年开始，英国开始"开化"，出现了宗教问题上的怀疑论，并且开始慢慢地传播开来，出现不可知论。

其次，恩格斯阐述了近代英国不可知论的基本观点。这里的不可知论完全是唯物主义的，主要表现在自然科学方面：其一，自然界的发展和变化不受外来的干涉，是受规律支配的，我们无法肯定或否定已知世界之外的某个最高存在物的存在；其二，尽管全部知识都是以感官为基础的，但我们不能确定我们所感知的就是对事物的正确反映，而且，人们所感知的并不是事物或事物的特性，只是这些事物和特性对人们的感官所产生的印象；其三，我们可能正确地感知到事物的特性，但是不能通过感觉或思维掌握"自在之物"。

再次，恩格斯针对不可知论的 3 个基本观点，分别进行了批判：其一，唯物主义认为，在宇宙发展的概念中绝对没有造物主或最高主宰者存在，因此，寻找世界之外的最高存在物本身就是矛盾的；其二，要确定我们对客观事物的感知是否是正确的，只需要让我们感性知觉的正确性受到实践的检验。就像人们如果想知道布丁的味道，只需要品尝一下一样。如果我们的知觉是错误的，那么我们对事物及其特性的认识也就是错误的，如果我们遵循着一定的认识去实践，而且在实践中达到了原来预想的结果，那么我们对事物及其特性的知觉就是正确的。当我们不能正确发现事物的特性时，我们也会在实践中找到失败的原因，或者是我们的行动所依据的知觉本身是错误的，或者是我们行动所依据的知觉不正确地和其他知觉的结果相联系。这样，我们便可以通过训练感官或把我们的行动限制在正确的感官所限定的范围内的办法，使我们的主观认识和客观事物的本性相符合；其三，当人们认识了某一事物的所有性质后，变形成了对这一事物本身的认识，这时候，人们对事物的认识就仅剩下它存在于我们之外这样一个事实，而感官达到这一事实后，人们就形成了对事物的完全认识。这就是对康德主张的不能被认识的"自在之物"的反驳。而且，康德还认为人们对自然界的认识都是十分零碎的，因此，更加不可能达到对"自在之物"的认识，这一点随着科学的迅速发展也很快会被解决。例如，19世纪上半叶，人们根本不知道什么是有机物，但随着科学的迅速发展，人们不仅认识了有机物，还可以通过有机物的化学成分把任何具体的有机物构造出来。尽管人们现在还不知道最高的有机物即蛋白体的结构，但是不能否认，科学的发展会使人们在将来的某个时间实现对蛋白体结构的认识，甚至于制造出人造蛋白，即制造出有机生命。

最后，恩格斯指出，近代英国的不可知论者在形式上虽然坚持唯心主义，但他们在自然科学上认为物质和能量是既不能被消灭也不能被创造的，因此，宇宙中是不存在造物主和主宰者的，他们用实际行动证明自己是唯物主义者。

三、阐述英国资产阶级具有宗教倾向的原因

恩格斯在批判了近代英国在历史观上的不可知论后，又用"历史唯物主义"表达了关于历史过程的观点，即"一切重要历史事件的终极原因和伟大动力是社会的经济发展、生产方式和交换方式的改变、由此产生的社会之划分为不同的阶级，以及这些阶级彼此之间的斗争"[①]。并且阐明了资产阶级在历史发展过程中具有宗教倾向的3个原因：

① 恩格斯：《反杜林论》，人民出版社1970年版，第322页。

首先，中世纪的欧洲处于封建社会，各国的封建组织占据统治地位，新兴资产阶级所处的地位使他们的发展要求得不到实现，封建制度束缚着资本主义因素的发展，因此，新兴资产阶级迅速成长为革命因素，为推翻封建统治做准备。但当时的封建制度依靠着天主教会的势力，使西欧团结成为一个大的政治体系。这样，要想推翻每个国家的封建制度，必须首先推翻天主教会的统治。而且，在反对罗马教会权利的斗争中，最有直接利害关系的阶级是资产阶级。

其次，新兴资产阶级的兴起，推动了天文学、机械学、物理学、解剖学和生理学等科学的发展，而且为了发展工业生产，资产阶级还需要探索自然物体的物理特性和自然力的活动方式。而这些科学都要受到宗教信仰的限制，资产阶级要想实现科学的发展，必须把矛头指向教会，使反封建的斗争披上宗教的外衣。

最后，通过资产阶级反对封建制度的三次大决战，阐述资产阶级具有宗教倾向的原因：

其一，第一次大决战指的是宗教改革：德国的路德作为新兴资产阶级的代表，提出了改革天主教会的主张，在反对教会的斗争中，唤起了两次政治性的起义，当由于当时各阶级之间的利害关系存在着严重的分歧和冲突，都失败了。新兴的资产阶级最终作出了妥协，建立了有利于君主专制统治的宗教；德国宗教改革失败后，加尔文在瑞士也进行了宗教改革，他利用"先定学说"建立了适合资产阶级的信条，即"在商业竞争的世界中，成功或失败不取决于个人的活动和智力，而取决于不受他支配的情况"[1]。加尔文主张，上帝把人分为"选民"和"弃民"，在商业竞争中成功的是"选民"，反之，失败的就是"弃民"，这些都是先定的，不是人们自己可以改变的。资产阶级正是

---

[1] 恩格斯：《反杜林论》，人民出版社1970年版，第334页。

在这种信条的帮助下，建立了民主的和共和的教会组织，而且，在上帝的王国实现了共和后，人间的王国也就不再从属于封建君主。达尔文教顺利地在荷兰和英国建立了资产阶级共和国。

其二，第二次大决战指的是英国的资产阶级革命。英国资产阶级革命的发动者是资产阶级，但不管革命的主力军还是经济发展需要的力量，都是农民。而且，如果仅仅依靠资产阶级，革命取得一点胜利就会出现资产阶级和封建势力妥协的现象，但农民和手工业者会将革命引向深处，最终获得革命的胜利。例如，英国资产阶级革命把查理一世送上断头台，1783年法国进行的起义在人们的推动下将大部分吉伦特派的首领送上了断头台，1848年德国以工人为主力军的革命对封建王朝进行了审判。恩格斯还指出，在这种革命之后，必然紧接着一个不可避免的反动，这个反动会超出它能继续下去的限度。英国资产阶级革命后也经历过多次动荡，最终经过"光荣革命"，建立了新贵族和资产阶级妥协基础上的君主立宪制。需要强调的是，这里的新贵族大部分是封建地主阶级的后裔，但他们的习惯和倾向更像是资产阶级的后代，例如他们懂得金钱的价值，不仅不反对工业生产的发展，而且试图间接地从中取得利益。因此，新贵族和资产阶级能够达成统一，这样不仅使贵族地主得以保留，而且使资产阶级的统治地位得到确立。资产阶级通过教会战胜了封建制度，而且他们逐渐地发现宗教还可以操纵被统治者的灵魂。因此，资产阶级革命胜利后，宗教又具有维护资产阶级统治的功能，这是资产阶级产生宗教倾向的第三个原因。

其三，第三次大决战指的是法国资产阶级革命。在此之前，英国产生了唯物主义，而唯物主义者大都是新贵族，他们维护封建君主专制，同资产阶级倡导的共和制度是相矛盾的，因此资产阶级把唯物主义看作宗教的异端，利用宗教的力量反抗唯物主义，这是资产阶级产生宗教倾向的第四个原因。后来唯物主义由英国传入法国，并与笛卡尔学派的一个支脉汇合，"他们不仅批判了宗教迷信，成为战斗的无神论者，而且批判了旧的自然观、封建社会、君主专制制度等，为法国资产阶级革命作了舆论准备"①。法国资产阶级革命在唯物主义的指导下，不同于以往的任何一次革命，"这是第一次完全抛开了宗教外衣，并在毫不掩饰的政治路线上作战；这也是第一次真正把斗争进行到底，直到交战的一方即贵族被消灭而另一方即资产阶级获得完全胜利"②。法国大革命的彻底性还得到了英国资产阶级的坚决反对：一方面，英国企图借助大陆上的君主国家破坏法国的海上贸易，从而兼并法国的殖民地，摧毁法国争霸海上的野心；另一方面，法国大革命彻底推翻了贵族统治，建立了资产阶级共和国，而英国仍然存在着新贵族的统治。

综合上面的阐述，我们也可以看出资产阶级借助宗教的外衣主要是为了反对强大的封建专制统治，维护阶级利益的需要，在建立资本主义制度后，资产阶级为了继续维护自己的统治也需要宗教来控制人们的灵魂，而且，在资本主义发展过程中，唯物主义的产生也给资产阶级带来了挑战，需要继续借助宗教剥削和压榨农民，维护统治。

四、资本主义的发展推动着无产阶级革命的进行，资本主义必然灭亡，社会主义必然胜利

欧洲各国先后确立了资本主义制度后，英国从 18 世纪 60—70 年代开始进行产业革命，以蒸汽机的发明为主要标志的科学技术革命，为资本主义生产方式的建立奠定了物质基础，而且引起了资本主义社

---

① 《〈反杜林论〉释注》，山东人民出版社 1982 年版，第 314 页。
② 恩格斯：《反杜林论》，人民出版社 1970 年版，第 338 页。

会阶级关系的变化：

首先，统治阶级中阶级力量的变化。随着工业革命的发展，在资产阶级内部，工业资产阶级越来越把金融贵族、银行家等等推到后台。工业革命还使机器大工业代替了手工工场，社会生产力得到迅速发展，资产阶级财富比新贵族的财富增长得快得多。而且，贵族手中的政治权力随着资本主义经济的发展，也与新的经济因素越来越不相容。因此，资产阶级只有与贵族进行斗争，才能保证新经济力量的发展。改革法案的颁布，资产阶级就在议会中获得了公认的和强大的地位。"随后是谷物法的废除，这永远确立了资产阶级、特别是资产阶级中最活跃的部分即工厂主对土地贵族的优势。这是资产阶级的最大的胜利；然而这也是它专门为自己的利益获得的最后一次胜利。"[①]

其次，统治阶级和被统治阶级之间关系的变化。工业革命创造工业资产阶级的同时，还创造了一个无产阶级。机器大工业的发展，工业中心城市的形成和工厂制度的建立，使无产阶级的队伍迅速壮大。但经济的迅速发展，不仅没有使工人的劳动条件和生活水平得到改善，反而使工人日益成为机器的附庸。资本家为了最大限度地追求利润，采取延长工作时间、增大劳动强度、降低工人工资等手段，剥削和压榨工人。同时，资产阶级的残酷统治引起了工人阶级的反抗，他们最初采取捣毁机器等形式为改善劳动条件、提高工资、缩短工作时间开展经济斗争；但随着资本主义经济的进一步发展，资本主义世界开始周期性地爆发经济危机，它一方面加剧了资产阶级和无产阶级的对立，另一方面暴露了资本主义社会的基本矛盾，即生产资料资本主义私人占有和生产社会化之间的矛盾。这使无产阶级意识到单纯的经济斗争不能改变被剥削和压迫的地位，还必须进行政治斗争。19 世纪

---

① 恩格斯：《反杜林论》，人民出版社 1970 年版，第 340 页。

30—40年代，法国、英国和德国接连爆发了工人阶级反对资本主义制度的斗争，即法国里昂工人的两次起义、英国的宪章运动和德意志西里西亚纺织工人起义。三大工人运动，向资产阶级展示了工人阶级在政治斗争上的威力，表现了无产阶级高度的政治觉悟和英勇精神，标志着无产阶级作为一支独立的政治力量开始登上历史舞台。

综上，我们可以看出，资产阶级在历史发展阶段上不同于以往的任何一个阶级，它不能独自掌握政权，或者说不能长时间地独自掌握政权，即使像法国那样通过彻底的资产阶级革命消灭封建制度，资产阶级也只是在很短的时间内掌握了政权。英国的工业资产阶级还没有把土地贵族从政权中彻底赶走，无产阶级就已经登上了历史舞台，通过宪章运动迫使资产阶级同他们分享了政权，把宪章的大部分内容纳入联合王国的法律之中。而且，因为国家的政治法律思想、道德、艺术、宗教和哲学等内容作为上层建筑，都要受到资本主义经济发展的影响，因此，无论资产阶级怎样利用宗教等手段对工人阶级进行统治，也不能阻挡无产阶级的发展潮流。

除此之外，我们对社会历史发展规律作了更进一步的补充。马克思和恩格斯在《共产党宣言》中提出"两个必然"，即："资产阶级的灭亡和无产阶级的胜利是同样不可避免的。"① 而且，马克思在《〈政治经济学批判〉序言》中，还提出了"两个决不会"，即："无论哪一个社会形态，在它所能容纳的全部生产力发挥出来以前，是决不会灭亡的；而新的更高的生产关系，在它的物质存在条件在旧社会的胎胞里成熟以前，是决不会出现的。"② "两个决不会"的提出绝不是对"两个必然"的否定，而是"两个必然"在理论上的深化。"两个必然"和"两个决不会"是对资本主义灭亡和共产主义胜利的必然性以

① 《马克思恩格斯选集》第1卷，人民出版社1995年版，第284页。
② 《马克思恩格斯选集》第2卷，人民出版社1995年版，第33页。

及这种必然性实现的条件和时间的论述。其中，"两个必然"强调的是资本主义灭亡和共产主义胜利的客观必然性，"两个决不会"强调的是实现这种必然性的时间以及需要具备的条件。下面我们主要论述资本主义以及社会主义发展的历史规律：

首先，资本主义在社会历史发展中的地位。资本主义社会和其他一切社会制度一样，它们的产生、发展、衰落和最终被更进步的社会制度所替代都是由人类社会发展的客观规律决定的，不以人的意志为转移。但是，资产阶级在它的不到 100 年的统治时间里所创造的的生产力，比以往所有社会创造的全部生产力还要多，还要大。所以，我们要先分析资本主义在推动生产力发展方面历史进步性：

其一，资本主义能够将科学技术转变为生产力发展的动力。资本主义的发展将封建社会的手工劳动转变为社会化大生产，这种社会化大生产，为科学技术的产生和发展奠定了基础。而且，以蒸汽机的发明为主要标志的科学技术革命推动着西方国家相继完成了第一次产业革命，使资本主义生产迅速过渡到机器大工业。这样，科学技术就被广泛地应用于生产过程，人们改造自然的能力不断增强，能够更多地创造出人们所需要的物质财富。同时，人们在生产实践中也不断地探索着推动生产发展的新技术，到 19 世纪末 20 世纪初，以电力为主要标志的科学技术革命，使电力取代了蒸汽机，成为生产的新动力，资本主义的生产力得到进一步的发展。20 世纪中期，以原子能的利用、电子计算机和空间技术的发展为主要标志的科学技术革命，实现了人类社会由工业经济形态向知识经济形态的转变，再一次推动了人们的生产方式、生活方式和思维方式的变化，促进了资本主义经济的发展。

其二，资产阶级进行生产的目的是为了最大限度地获得无偿占有的剩余价值，这就推动着资本家在生产过程中不断采取各种方式，推动生产力的发展。以前，无论在奴隶社会还是封建社会，人们都是以使用价值的获得和物质生活需要得到满足为目的的，因此，都是以家庭为单位进行生产活动，生产规模狭小，社会分工低下，生产力水平比较低。现在，资本主义社会采取的是社会化大生产，资本家组织生产的目的是为了无止境地追求剩余价值，而且，生产同种产品的资本家之间存在着激烈的竞争，这就迫使着资本家不断扩大生产规模，采用先进的技术、提高劳动生产率，推动着资本主义社会科学技术和社会生产力的迅速发展。

其次，资本主义社会对人类社会生产力的发展具有重要意义，但它并不是社会形态的终结，由于自身固有的矛盾，它必将会被社会主义所取代。生产的社会化和生产资料资本家私人占有的矛盾，构成了资本主义社会所固有的矛盾："在资本主义条件下，随着科学技术的进步和社会生产力的不断发展，资本主义生产不断社会化。但是，在资本家私人占有生产资料和剥削雇佣劳动的生产关系中，社会化的生产力却变成资本的生产力，变成资本高效能地榨取剩余劳动、生产剩余价值、实现价值增殖的能力。这样，已经社会化的、由劳动者共同使用的生产资料，本应该由劳动者共同所有，却被少数资本家私人占有；已经在社会范围内实行严密分工、协作而社会化了的生产过程，本应该由社会按照社会需要进行管理、调节和控制，却分别由各自追求最大限度利润的私人利益的少数资本家进行管理；共同劳动生产的社会化产品，本应由劳动者共同占有，用于满足社会需要，却被少数资本家私人占有、私人支配，成为他们的私有财产。"① 这一矛盾贯穿于资本主义社会的政治、经济、文化和各个具体领域中，使资本主义世界周期性地爆发经济危机，加剧了资产阶级和无产阶级的对立，它

---

① 《马克思主义基本原理概论》，高等教育出版社 2010 年版，第 169 页。

是生产力和生产关系的矛盾在资本主义社会的体现。随着资本主义财富的不断积累，这种矛盾的积累也不断地深化，资本主义基本矛盾及其派生出来的各种矛盾在资本主义社会中不断激化，当这些矛盾无法通过资本主义的自身改革缓解时，公有制取代私有制、社会主义取代资本主义将变成不可避免的历史必然。

再次，社会主义取代资本主义是历史发展的必然趋势，但是由于各种原因，资本主义向社会主义的过渡是一个长期的历史过程。从人类社会发展的历史来看，不管是奴隶社会取代原始社会，封建社会取代奴隶社会，还是资本主义社会取代封建社会，都需要经历一个长期的过程，社会主义制度的建立也不例外；资本主义发展的不平衡性也使过渡成为一个长期的过程。这种不平衡性既指一个国家在政治、经济和各个领域发展的不平衡，也指在整个资本主义世界不同国家发展状况的不平衡。当一个国家的各方面矛盾没有达到尖锐对立时，无产阶级革命不会爆发，而且，即使一个国家已经通过无产阶级革命确立了资本主义制度，由于发展的不平衡性，其他国家相继进入社会主义也需要一段很长的时期；此外，根据"两个决不会"，无论哪一种社会形态，在它所能容纳的全部生产力充分发挥出来以前是不会灭亡的。现代发达资本主义国家正处于经济繁荣时期，仍然存在着巨大的经济发展优势，能够为生产力的发展提供巨大的空间，而社会主义国家的发展水平还比较低，社会主义自身的发展需要走相当长的路。

"发展社会劳动的生产力，是资本的历史人物和存在理由，资本正是以此不自觉地创造着一种更高的生产形式的物质条件"①，这是资本主义向社会主义过渡过程的科学阐述。当资本主义的潜力充分发挥出来，无产阶级就会联合起来进行革命，确立社会主义制度。俄国的

---

① 《马克思恩格斯全集》第 46 卷，人民出版社 1979 年版，第 288 页。

十月革命是世界上第一次无产阶级社会主义革命，它的胜利证实了列宁关于社会主义革命首先在一个或几个国家胜利的科学论断，显示了无产阶级暴力革命的历史作用，同时也向世界表明，经济文化落后的国家可以率先建立社会主义制度，这是社会主义进程中的一次重大飞跃。十月革命的胜利推动着殖民地和半殖民地国家民族民主革命的发展，削弱了帝国主义的力量，极大地鼓舞了世界各国人民，促进了世界社会主义运动的发展。中国革命的胜利是继十月革命之后 20 世纪最重大的事件，社会主义革命逐步从一国发展为多国实践，是社会主义进程中的又一次飞跃。

而且，各国纷纷确立社会主义制度后，还要认识到，坚持无产阶级专政和社会主义民主是科学社会主义的核心内容。首先，无产阶级专政具有以前的国家政权所没有的优越性：它是人类社会发展史上的伟大飞跃，是最后的也是最进步的国家政权；它以工农联盟为阶级基础，通过共产党的领导实现对工人阶级和劳动人民的改革；它有多种不同的国家形式，例如，巴黎公社、人民代表大会制度等等；无产阶级专政的最终目的是消灭剥削和阶级，进到无阶级社会。其次，社会主义民主是种新型的民主：从国体上来看，工人阶级和广大劳动人民享有最高的民主权利，对少数剥削者实行专政；从政体上来看，社会主义国家采取民主共和的形式，按照民主集中制的原则组织政府，管理国家和社会事务。民主是具体的和历史的，因此，建设高度的社会主义民主需要一个较长的历史时期。

最后，人们还要正确认识社会主义社会的基本特征，为最终实现共产主义而奋斗。社会主义的本质是，解放生产力，发展生产力，消灭剥削，消除两极分化，最终达到共同富裕。总结社会主义制度确立以来的实践经验，社会主义的基本特征主要表现在以下几个方面：坚持解放生产力，发展生产力，创造高度发达的生产力；建立和完善生产资料公有制，逐步消灭剥削和消除两极分化，达到共同富裕；生产资料的公有制决定了在个人消费品分配中实行"各尽所能、按劳分配"的制度；坚持马克思主义政党的领导，并在这种领导下建立无产阶级专政，发展社会主义民主政治，建设社会主义政治文明；坚持以马克思主义为指导，发展社会主义先进文化，建设社会主义精神文明；以人为本，构建和谐社会。

马克思将共产主义社会分为第一阶段和高级阶段，列宁则把未来社会分为社会主义社会和共产主义社会，其中，社会主义社会是从资本主义生长起来的新社会的第一阶段，共产主义社会是社会主义社会的下一个阶段，是更高的阶段。根据二者对未来社会的分类，我们了解到，社会主义和共产主义的内在联系和本质上是一致的，它们处于同一社会形态中，但在发展程度上存在着差异，共产主义是社会主义的深化，共产主义社会具有以下基本特征：社会生产力高度发展，物质财富极大丰富，私有制被废除，实行普遍的生产资料公有制，个人消费品实行"各尽所能，按需分配"；社会关系高度和谐，阶级和国家消亡，阶级剥削和压迫以及战争现象都将不复存在，工业和农业、城市和乡村、体力劳动和脑力劳动的差别也将消除，人与人、人与自然之间达到和谐状态，人们的精神境界极大提高；每个人自由而全面地发展，人类实现从必然王国向自由王国的飞跃。实现共产主义是历史发展的必然要求，而且是一个长期的实践过程，需要人们树立共产主义远大理想，积极投身于社会主义事业的伟大实践，为实现向共产主义的飞跃积蓄力量。

第二节　历　史

在《反杜林论》中，恩格斯论述了 19 世纪空想社会主义产生的社会历史条件，阐明它是科学社会主义的思想来源，批判杜林对它采取的全盘否定的错误。

一、论述 19 世纪空想社会主义产生的社会历史条件

18 世纪的法国哲学家们为推翻封建专制统治的革命做好了思想上的准备，他们把理性当作现存一切事物的唯一裁判者，要求建立理性的国家和社会，铲除同中等市民的觉悟相矛盾的东西。而且，法国革命的胜利，建立了新的资本主义性质的国家和社会。但它与设想的理性国家完全不一样，早已许下的永久和平变成了一场无休止的战争，富有和贫困的对立更加尖锐，工业在资本主义的迅速发展使劳动群众的贫穷和困苦成了社会的生存条件，取代封建罪恶的是更加猖狂的资产阶级罪恶，商业欺诈现象随处可见。就这样，由理性的胜利建立起来的政治制度让人失望，"自由、平等、博爱"的主张在竞争的诡计和嫉妒中获得了实现。

18 世纪的英国进行了工业革命，产生了近代工业资产阶级和工业无产阶级。伴随着资本主义经济的迅速发展，资本家对工人阶级的剥削更加残酷，一方面是资产阶级财富的不断积累，另一方面是无产阶级贫困的积累，就这样阶级矛盾更加尖锐，最初无产阶级采取捣毁机器、示威游行等形式对资本主义进行经济斗争。

英国工业革命和法国资产阶级革命后，资本主义社会的各种矛盾更加尖锐，无产阶级对资产阶级同时进行着经济斗争和政治斗争。为了消除社会中的种种弊端，建立一套更加完善的社会制度，以法国的圣西门、傅立叶和英国的欧文为代表的三大空想社会主义思想产生了。

二、辩证论述三大空想社会主义者的主要贡献

恩格斯分别对圣西门、傅立叶和欧文的观点进行了评价，充分肯定了他们的思想对社会主义学说史作出的巨大贡献。

圣西门是 19 世纪初最早的空想社会主义者，法国大革命时期激烈复杂的斗争和革命后令人失望的现实，使他开始批判资本主义制度，提出了空想社会主义的理论，恩格斯称他是"法国大革命的产儿"，主要理论包括：

首先，圣西门提出"一切人都应当劳动"的思想。圣西门指出"劳动是一切美德的源泉，最有益的劳动应该最受尊重"[1]。在共产主义社会里，人人都应该劳动，要实现这一点，必须消灭私有制，使生产资料归全社会占有，废除雇佣劳动制度。但是，圣西门没有认识到这一点。而且，他对劳动本身的理解也是错误的，他认为厂主、商人和银行家都是"劳动者"。

其次，圣西门了解到，法国革命是发生在贵族、市民等级和无财产者之间的阶级斗争。他看到了法国革命是阶级斗争，是无财产者和财产者之间的斗争。而且，恐怖统治是无财产的群众的统治，但法国大革命充分证明了无财产者不能进行统治，因此他向其他国家的无财产者高喊："看吧，当你们的伙伴在统治法国的时候，那里发生了什

---

① 《圣西门选集》下卷，商务印书馆 1962 年版，第 95 页。

么事情：她们造成了饥荒！"① 恩格斯把圣西门的这个思想看作是极为天才的发现。

再次，圣西门提出政治是关于生产的科学，并预言它将完全被经济所包容。在当时的历史环境下，圣西门把政治是对人的统治转向对物的管理和生产，实际上是将废除国家的思想明白的表达了出来。而且他提出的政治被经济所包容的思想，也表达了对经济状况是政治制度基础的认识。

最后，圣西门还提出与法国敌对的英国和德国建立同盟是欧洲的繁荣和和平的唯一保障。因此恩格斯称他是一个胆大而有远见的思想家。

傅立叶是 19 世纪初法国另一位空想社会主义者，他主要是针对革命前后资产阶级的不同态度对现存的社会制度进行批判，并提出了社会改造方案：

首先，傅立叶揭露了资产阶级世界在物质和道德方面的贫困。他把资产阶级物质和道德上的贫困同启蒙哲学家们预想的理性所统治的社会、能给一切人幸福的文明和人的能力的无限完善相对比，指出：和那响亮的词句相适应的到处都是最可怜的现实，他辛辣地嘲讽这种词句的无可挽救的破产；讽刺随着革命的低落而盛行起来的投机取巧和当时法国商业中普遍的小商贩气息，资产阶级罪恶更加猖狂，商业日益变成欺诈；批判了两性关系的资产阶级形式，并针对妇女在这种资产阶级社会被奴役和被侮辱的地位，提出在任何社会中，妇女解放的程度是衡量普遍解放的天然尺度。

其次，傅立叶提出社会历史是辩证发展的过程。他将到目前为止的社会历史历程分为 4 个阶段：蒙昧、宗法、野蛮和文明。文明阶段

---

① 恩格斯：《反杜林论》，人民出版社 1970 年版，第 256 页。

就是我们现在所处的资产阶级社会阶段，而且文明始终在"恶性循环"中运动，即它将野蛮时期的任何一种罪恶都采取复杂的、蒙昧的、两面的和虚伪的存在形式，总是在不断地制造出来并且无法克服的矛盾中运动，而且它所达到的结果总是和它所希望或假装希望的相矛盾，例如：在文明阶段，贫困是由过剩本身产生的。此外，傅立叶还认为，每个历史阶段都有上升时期和下降时期，而且 4 个阶段中前两个是上升的，后两个是下降的，第四个阶段的结束预示着每一个旧的历史时期的终结和新的历史时期的开始，他将这种辩证法运用到人类身上，反对人的能力是无限完善的，提出人类终将要归于灭亡的思想。

欧文是 19 世纪初英国的空想社会主义者，他参加英国工业革命时了解到工业革命给工人阶级带来的只是无尽的苦难，并为此开展实践活动和理论研究，恩格斯指出"当时英国的有利于工人的一切社会运动、一切实际成就，都是和欧文的名字联在一起的"[1]。

首先，欧文接受唯物主义启蒙学者的学说，认为人的性格是由先天组织和人在自己的一生中、特别是在发育时期所处的环境这两个方面共同作用的产物。需要指出的是杜林在这里所讲的环境"不是指社会制度，不是指社会的生产关系和阶级关系，而是指国家教育制度和一些具体的法律制度"[2]。当地位和欧文相同的人在利用工业革命大发横财的时候，他却开始尝试运用自己的理论将混乱化为秩序的社会，他在曼彻斯特的工厂开始试行自己的理论，由于他使人活在比较合乎人的尊严的环境中，特别是关心成长中的一代的教育问题，所以，他的理论获得了名闻全欧的成效。

其次，欧文并不满足于已经取得的成绩，他认为他给工人提供的

---

① 恩格斯：《反杜林论》，人民出版社 1970 年版，第 261 页。
② 《〈反杜林论〉释注》，山东人民出版社 1982 年版，第 254 页。

生活条件还不是合乎人的尊严的，因此也就不能使人的智慧和性格得到全面的发展，更谈不上自由发展。同时，欧文通过商业计算的结果，分析出群众消费的财富之间的差额被企业所有者剥夺了。他认为，劳动阶级创造的果实应当由他们自己占有，而且这些财富是社会改造的基础，只应当为大家的共同福利服务。

再次，欧文从慈善家转向共产主义是他一生的转折点。他的共产主义是通过纯粹营业的实践方式，作为商业计算的结果产生的。他认为阻碍社会改造的主要有三大障碍：私有制、宗教和现在的婚姻形式。当他提出这些社会主义理论时，官场社会开始排斥他，他所拥有的社会地位丧失了，而且投入所有财产在美洲进行的共产主义试验的失败使他变得一贫如洗，但他并没有却步，而是直接转向了工人阶级，继续进行不懈的努力。

三、批判杜林对空想社会主义的攻击

杜林从他的"最后的终极的真理"高度蔑视空想社会主义思想，暴露了他对三大空想社会主义者著作的无知：对于圣西门，杜林指出"他的基本思想本质上是正确的"，但是我们在他 27 页的著作中并没有看到有关圣西门"基本思想"的论述。而且他说"想象和博爱的热情……以及属于后者的幻想的夸张，支配着圣西门的全部思想"[1]，这就与前面的"本质上是正确的"相矛盾；对于傅立叶，杜林指出他"企图附带地批判现实状态"，但是，恩格斯批判地指出：在傅立叶的著作中，几乎每一页都放射出对备受称赞的文明造成的灾祸所作的讽刺和批判的火花；对于欧文，杜林指出他"不能假定有任何坚决的共

---

[1]　恩格斯：《反杜林论》，人民出版社1970年版，第262页。

产主义"。但是，在欧文的著作中，我们却看到了有关平等的劳动义务和平等地取得产品的权利的陈述，而且，欧文甚至在汉普郡的协和移民区实行了共产主义，那里的共产主义在坚决性方面是无与伦比的，因此，恩格斯批判杜林对于欧文的评价只是抄袭了萨金特写的传记。

恩格斯批判杜林对空想社会主义的全盘否定，三大空想社会主义产生于资本主义还很不发达的时代，资本主义制度所固有的矛盾还没有得到充分暴露，因此不能对资本主义的发展规律有全面的了解，对于未来社会的构想，只能在头脑中构想，"他们对资本主义旧制度的辛辣批判，包含着许多击中要害的见解，对社会主义新制度的描绘，闪烁着诸多天才的火花。但空想社会主义者只看到了资本主义必然灭亡的命运，却未能揭示资本主义必然灭亡的经济根源；要求埋葬资本主义，却看不到埋葬资本主义的力量；憧憬取代资本主义的理想社会，却找不到通往理想社会的现实道理。"① 马克思和恩格斯批判地继承空想社会主义思想，在唯物史观和剩余价值的基础上，使空想社会主义由空想变成科学。与他们不同的是，现在大工业的发展已经将资本主义的各种矛盾暴露出来，杜林却仍然忽视无产阶级与资产阶级尖锐对立，忽视客观的社会改造需要，不是从现有的经济材料而是从头脑中找寻"最后的真理"，企图构造这样一种新的空想的社会制度。

第三节　理　论

在《反杜林论》中，恩格斯阐述了作为科学社会主义理论基础的

---

① 《马克思主义基本原理概论》，高等教育出版社 2010 年版，第 213～214 页。

唯物史观的基本原理，论证了科学社会主义"两个必然"的主要内容，并构想了未来社会的一般特征。

一、阐明了科学社会主义的理论基础和社会经济根源

恩格斯首先指出："唯物主义历史观从下述原理出发：生产以及随生产而来的产品交换是一切社会制度的基础；在每个历史地出现的社会中，产品分配以及和它相伴随的社会之划分为阶级或等级，是由生产什么、怎样生产以及怎样交换产品来决定的。所以，一切社会变迁和政治变革的终极原因，不应当在人们的头脑中，在人们对永恒的真理和正义的日益增进的认识中去寻找，而应当在生产方式和交换方式的变更中去寻找；不应当在有关的时代的哲学中去寻找，而应当在有关的时代的经济学中去寻找。"① 这一原理主要包含 3 个方面的含义：第一，生产和交换是一切社会制度的基础。生产活动是人类最基本的实践活动，人们通过生产，获得维持生活所必需的生活资料，当人们占有的物品超过了自己所能消耗的，这时候交换就发生了，它不仅包括各种物质形态的交换，而且包括在生产本身发生的各种活动和能力的交换，生产是交换的前提和基础，交换对生产具有重要的反作用。社会在生产和交换中不断发展，推动着社会制度的建立和更替。第二，生产方式和交换方式决定着产品的分配以及和它相伴随的阶级和等级的划分。我们已经在政治经济学第一章中论述过，生产方式和交换方式决定着分配方式，分配方式与阶级或等级的划分是密不可分的，例如：在原始氏族公社或农村公社中，生产资料公有制下，人们采取集体劳动的方式，在产品分配上必然是平均分配，人与人之间是

① 恩格斯：《反杜林论》，人民出版社 1970 年版，第 264 页。

平等的关系，不存在剥削和压迫的等级。而在阶级对立的社会，由于生产资料的私人占有，生产过程中必然会出现剥削和压迫，生产出来的产品分配上也就必然存在着不平等的现象，经济上的不平等决定了政治地位的不平等，阶级对立局面就形成了。第三，一切社会变迁和政治变革的终极原因，不应当从头脑中的哲学出发去认识，而应该从现实的经济学中把握。当处在某一社会形态的生产力得到迅速发展时，生产关系不能与之相适应，就必然要对阻碍生产力发展的生产关系进行变革，而生产关系或经济基础的状况发生变化，就会同原有的上层建筑发生矛盾，并要求变革旧的上层建筑，这样原有的社会制度就会被更适合生产力发展的新制度所取代，社会变迁和政治变革完成。

现存的社会制度是资本主义制度，它是资产阶级在与封建势力的斗争中创立的。封建社会地主阶级残酷的剥削和压迫农民阶级，封建生产力越是进步，统治阶级的剥削和压迫就越是残酷，最终新兴的资产阶级领导无产者推翻封建剥削阶级的统治建立资本主义制度，资本主义生产方式开始自由地发展。工业革命将原来的工场手工业转变成了机器大工业，资本主义的生产力以前所未有的速度和规模迅速发展，而正是由于生产力的发展超过了资产阶级的利用形式，资本主义社会开始出现各种矛盾，这些矛盾直接导致无产阶级受剥削和压迫的程度不断深化。

二、论述资本主义社会的基本矛盾，以及由此导致的经济危机

资本主义产生之前的中世纪，劳动者凭借对生产资料的私人占有，进行的都是小规模的生产。资产阶级的历史作用就在于经过简单协作、工场手工业和大工业这样3个阶段，把生产资料由原来的分散

的和小规模的状态加以集中和扩大，实现个人的生产资料向社会化的生产资料的转变，即只能由大批人共同使用的生产资料，从而将它们变为强大的生产力。这样，生产社会化就包括3个方面的含义：其一，生产资料使用的社会化。纺纱机、机动织布机和蒸汽锤代替了纺车、手工织布机和手工锻锤，需要成百上千的人进行协作的工厂代替了小作坊。其二，生产本身的社会化。以前只需要生产资料私有者进行私人生产，现在，生产资料使用社会化后，生产也开始由个人行动变为一系列的社会行动。其三，劳动产品也从个人生产的产品变成许多工人分工协作得到的社会产品。

中世纪，普遍存在着农民和手工业者，作为小商品生产者，他们把自己的劳动产品拿到市场上去交换，以满足自己多方面的需要。但是，在这些小商品生产者之间开始慢慢出现一种新的生产方式。在支配全社会的自发的无计划的分工中间，它确立了在个别工厂里组织起来的有计划的分工；在个体生产旁边出现了社会化的生产。而且，通过这种社会化劳动制造出来的产品比分散的小生产者制造的便宜，就这样，个体生产在不同的生产部门纷纷倒闭，旧的生产方式被社会化生产所替代。社会化生产由于它本身是作为商品生产的一种新形式出现的，因此，商品生产的占有形式对它也保持着全部的作用。恩格斯接着开始分析个体生产者占有和资本家占有这两种不同性质的占有形式：中世纪个体生产者用自己的劳动资料，用自己和家属的手工劳动制造产品，产品的所有权以自己的劳动为基础，即使中间利用过别人的帮助，这种帮助通常也是次要的；生产资料集中于大的作坊或手工工场时，开始转变为真正的社会化生产资料，这样生产资料和产品也应该归社会所有，但事实与预想的相反，社会化的生产资料和产品还像以前一样被当作个人的生产资料和产品来处理。以前劳动资料的占有者占有产品，因为这些产品是他自己的劳动产品，即使别人曾帮过忙也会在工资之外另付报酬，而现在，社会化劳动生产的产品不再由真正使用生产资料和真正进行生产的人占有，而被资本家占有。于是，社会化大生产和资本主义生产资料私人占有的矛盾，也必然愈加鲜明地表现出来，而且，它已经包含着现代社会的一切冲突的萌芽。

社会化生产和资本主义占有之间的矛盾已经包含着现代的一切冲突的萌芽。而这里的冲突主要分为两个方面：

第一，无产阶级和资产阶级的对立。最初的资本家采取的雇佣劳动是一种例外，一种副业，一种救济方法，一种暂时措施。当生产资料成为社会化的生产资料时，社会化劳动生产的产品比个体小生产者的产品便宜，这样，个体生产者只能受雇于资本家，雇佣劳动以前只是一种例外和救济办法，现在却变成了整个生产的通例和基本形式；以前只是一种副业，现在成了工人的唯一职业，而且，暂时的雇佣劳动者也变成了终身的雇佣劳动者。此外，由于封建制度在同时期崩溃，许多解放的农民也成了终身雇佣劳动者。这样，无产阶级和资产阶级的对立就形成了，并出现不断加剧的趋势。

第二，个别工厂中生产的组织性和整个社会生产的无政府状态之间的对立。中世纪的社会里，个体生产者生产是为了满足自己和家属的需要，在有人身依附关系的地方，例如在农村中，还需要满足封建地主的需要，这时候不存在产品交换，所以产品还不具有商品的性质。当他们既满足了自己和家人的需要，又向封建地主缴纳实物租税后，便开始将多余的产品拿到社会上去交换，被拿去交换的产品便具有了商品的性质。而且，城市手工业者虽然一开始就是为了交换而生产商品，但他们的生活资料也是自己通过自己劳动得来的。这种以交换为目的的商品生产还只是在形成中；随着商品生产的扩展，特别是资本主义生产方式的出现，生产者开始变为独立的商品生产者。但是，生产者丧失了对他们自己的社会关系的支配权，要生产哪种商品，生产多少以及能否卖出去都成了未知数，社会的无政府状态占据统治地位。而且，资本主义生产方式用来加剧社会生产中的这种无政府状态的主要工具正是无政府状态的直接对立物：每一个别生产企业中的社会化生产所具有的日益加强的组织性，这是因为："第一，每个资本家愈是改进企业的技术装备，改进企业的经营管理，也就愈能降低商品的生产成本和扩大生产规模，这样就会把数量更多和价格更低的商品投入市场。这必然会进一步加剧他们之间的竞争，加剧整个社会的生产无政府状态；第二，个别企业生产规模的扩大，生产组织性的加强，意味着它们竞争实力的加强，而竞争的手段也会更加多样、复杂。"① 地理大发现和殖民地的开拓扩大了销售市场，加速了手工业向工场手工业的转化，生产者之间的地方性斗争发展为全国性的商业战争，大工业和世界市场的形成使战争具有了空前的剧烈性。恩格斯指出：这是从自然界加倍疯狂地搬到社会生产中的达尔文的生存斗争。

资本主义基本矛盾的发展必然会使生产的无限扩大和劳动群众购买力相对缩小之间的矛盾更加尖锐，从而不可避免地爆发经济危机。在社会生产的无政府状态和竞争的双重压力下，资本家不断地改进技术、改善机器设备，"机器的采用和推广意味着成百万的手工劳动者为少数机器劳动者所排挤，那末，机器的改进就意味着愈来愈多的机器劳动者本身受到排挤"②，就这样，一方面，无产阶级的大量失业使他们进行着贫困的积累，有支付能力的需求也相对缩小；另一方面，由于机器的采用，劳动生产率提高，单位时间内生产的产品数量不断增加。经济危机就不可避免地爆发了。

经济危机爆发后，企业纷纷倒闭，生产大大下降，从而使供求矛盾得到缓解，危机得到逐步缓和。这样，从一次危机开始到另一次危

---

① 《〈反杜林论〉释注》，山东人民出版社1982年版，第263～264页。
② 恩格斯：《反杜林论》，人民出版社1970年版，第271页。

机的爆发，大致要经过 4 个阶段，即危机、萧条、复苏和高涨。由于资本主义基本矛盾不能得到彻底消除，因此经济危机也是不可避免的，当资本主义经济得到复苏和高涨后，新一次的危机就会爆发，这实际上是生产方式起来反对交换方式，生产力起来反对已经被它超过的生产方式的方法。

经济危机的不可避免的发生暴露了资本主义的生产方式没有能力驾驭自己的生产力，生产力本身也以日益增长的威力要求消除这种矛盾，即要求在事实上承认它作为社会生产力的性质。因此，资本主义国家不得不对生产进行领导，加强国家的宏观调控。但是，"现代国家，不管它的形式如何，本质上都是资本主义的机器，资本家的国家，理想的总资本家，它愈是把更多的生产力据为己有，就愈是成为真正的总资本家，愈是剥削更多的公民。工人仍然是雇佣劳动者，无产者。资本关系并没有被消灭，反而被推到了顶点。但是在顶点上是要发生变革的。生产力的国家所有不是冲突的解决，但是它包含着解决冲突的形式上的手段，解决冲突的线索"①。

三、论证资本主义必然灭亡和社会主义必然胜利，并阐明了共产主义社会的基本特征

国家的力量并不能消除资本主义社会的基本矛盾，也不是能消除经济危机，反倒把资本关系推到了顶点，而基本矛盾的对立达到顶点后就会发生变革。资本主义经济的迅速发展，"一方面为社会主义准备了充分的物质前提，便于无产阶级在取得政权以后实行生产资料公有化；另一方面，加剧了资产阶级和无产阶级的阶级矛盾"②，因此，

---

① 恩格斯：《反杜林论》，人民出版社 1970 年版，第 275 页。
② 《〈反杜林论〉释注》，山东人民出版社 1982 年版，第 266 页。

资本主义必然灭亡，社会主义必然胜利，这是社会历史发展的必然趋势。

　　分析了资本主义必将被社会主义所替代后，恩格斯又揭示了未来共产主义社会的一般特征：无产阶级取得国家政权后，首先会将生产资料转变为国家财产，从根本上消除生产资料私有，从而保证生产力的迅速发展；当生产力高度发展，人们的物质利益得到保证，而且由于社会成员的根本利益是一致的，社会不再会因为经济利益的不同而进行阶级剥削和压迫，于是阶级将会消亡；阶级消亡后，国家作为阶级统治的工具，作为阶级压迫工具的军队、警察、监狱等将失去作用，而且，这里的国家消亡是指政治国家的消亡，在共产主义社会中，即使在没有阶级和国家的情况下，仍然要有一定的社会机构来对社会进行自我组织和管理；生产资料公有制的确立，还使社会生产的无政府状态转变为全社会和每个成员按照需要对生产进行有计划的调节，它不仅可能保证一切社会成员有富足的和一天比一天充裕的物质生活，而且还可能保证他们的体力和智力获得充分的自由的发展和运用；在共产主义社会中，人们第一次成为自然界的自觉的和真正的主人，因为他们已经成为自己的社会结合的主人，自由是对必然的认识和对客观世界的改造，人们不断地认识自然规律和社会规律，进而不断地认识客观世界，并在各种客观规律的指导下改造世界，实现"从必然王国向自由王国的飞跃"。

第四节　生　产

　　在《反杜林论》中，恩格斯严厉地批判了杜林在历史观问题上的唯心主义，接着批判他关于经济危机、公共权力以及分工的片面观点，科学地阐明了马克思关于分工的基本观点。

一、批判杜林在社会主义问题上的唯心史观

杜林认为，社会主义既不是社会历史发展的必然产物，也不是由经济条件的发展决定，而是"最后的终极的真理"。杜林的社会主义是通过他著名的两个男人来阐述的，不同于以前扮演主人和奴隶的角色，这次两个人是平等的地位，这样就奠定了社会主义的基础。社会主义是社会的自然体系，它植根于"普遍的公平原则"之上。恩格斯批判杜林是历史观上的唯心主义，他的公平原则实际是公平原则的不幸。

二、批判杜林对经济危机的片面分析

杜林认为危机是对常态偶然的偏离，它为"更有规则的秩序的发展"提供动力。而且，杜林攻击马克思用生产过剩解释危机只是一种"通常的方法"，不能实现对危机"更确切的理解"，只能用于解释"特别领域中的特殊危机"，例如，适于大量销售的书籍，突然可以自由翻印的时候，书籍市场上就会出现生产过剩。杜林否定了危机是生产过剩造成的，提出人民的消费水平低才是真正原因。恩格斯对这种片面的观点进行了批判：

首先，恩格斯指出：群众的消费水平低，他们的消费仅仅限于维持生活和延续后代所必需的生活资料，这早已不是什么新的现象。自从有了阶级对立，剥削阶级和统治阶级就不断地剥削和压迫被剥削阶级和被统治阶级，这使得他们除了维持自己和家人的生活需要外，不

会有太多的额外消费，而且即使在群众生活状况较好的 15 世纪的英国，群众也不会拿出自己所有产品去消费，因此消费水平仍然是非常低的。所以，消费水平低是数千年来普遍的历史现象。但是资本主义经济危机的商品滞销是近 50 年才出现的现象，用群众的消费水平低导致商品滞销就像用一个常数来解释一个常数和变数之间关系的变化。但是我们也不能说群众的消费水平和经济危机的爆发没有任何关系，群众的消费水平低，是一切剥削社会形成的必然条件，从而也是资本主义社会形成的必然条件。因此，群众的消费水平低是危机爆发的一个潜在的先决条件，但它不仅没有向我们说明以前社会不存在危机的原因，而且也没有特别指出现在危机出现的原因，因此不能作为爆发经济危机的根本原因。

其次，杜林用奇特的世界市场的观念来说明危机是由于消费水平低引起的。他借自己是德国著作家的身份用想象的莱比锡书籍市场上的危机说明真正工业上的特殊危机，在恩格斯看来，这无异于用"杯中水的风暴来说明海洋上的风暴"。他强调资本主义企业现在生产的产品主要是在有产者自身的圈子里寻找销售市场，但后面紧接着列举主要靠群众消费的部门来为自己的观点证明，这是自相矛盾的，例如，杜林在自己的著作中把制铁工业和纺织工业作为具有决定性的现代工业，但这两个工业部门绝大部分的产品是靠群众消费的，只有极少的一部分被有产者消费。恩格斯还列举了英国奥尔丹的纺织工业在 4 年中，单单是纺一种纱的纱锭就由原来的 250 万增加到 500 万。综上，恩格斯指出："那末只有极其厚颜无耻的人才会用英国群众的消费水平低，而不是英国纺织工业产品的生产过剩，来解释目前棉纱和棉布的普遍滞销。"① 而且用消费水平低来解释危机的观点，真正起源于西

---

① 恩格斯：《反杜林论》，人民出版社 1970 年版，第 233 页。

斯蒙第，洛贝尔图斯从西斯蒙第那里借来解释生产过剩，却被杜林用肤浅的方法抄袭过来。

最后，杜林提出，过度的投机不仅仅是由于私人企业的无计划的增加而引起的，而且，个别企业家的急躁和个人考虑不周，也应该被算作供给过剩的产生原因。恩格斯批判地指出，企业家的急躁和考虑不周正是由于资本主义生产的无计划性，而且这种无计划性表现在私人企业的无计划的增加上，杜林把经济问题说成是道德问题也是他个人"急躁"的表现。

三、批判杜林对未来社会的构想充满着矛盾

杜林把未来社会定义为建立在"普遍的公平原则"之上、由经济公社的联邦组成的社会的自然体系。每一个经济公社都是人们的共同体，这些人由支配一个区域的土地和一批生产企业的公共权利相互联合起来，共同行动，共同分配收入，"公共权利是对自然界和生产设备的纯粹公共的关系这种意义上的……对物的权利"①。恩格斯批判指出：杜林并没有解释清楚经济公社的联邦和经济公社之间是种什么关系，而且公共权利是什么也没说明白，因此，这究竟是什么意思，让未来的经济公社的法学家去伤脑筋吧，我们在这方面不打算作任何的尝试。

恩格斯批判杜林经济公社构想的自相矛盾。首先，杜林对马克思的"公共财产"进行攻击，认为"至少是不清楚的和可疑的"，而且污蔑马克思把"公共财产"看作"工人团体的集体所有制""个人的同时又是社会的财产"，而恩格斯指出，马克思真正意义上的"公共

---

① 恩格斯：《反杜林论》，人民出版社 1970 年版，第 284 页。

财产"指的是社会主义公有制。然后，恩格斯指出了杜林在经济公社问题上的自相矛盾：第一，按照杜林的观点，一个经济公社对自己的劳动资料的公共权利，至少相对于任何其他经济公社，以至于对社会和国家来说，享有独占的财产权，但是接着杜林又强调，这一权利不应该使自己和外界……相隔绝。显然，对于公社对劳动资料的公共权利，杜林出现了矛盾。第二，杜林认为公共权利是对物的权利，不存在人与人之间的竞争，但他也说过，各个经济公社之间存在着根据一定的法律和行政规范实行的迁徙自由和接受新成员的必要性。恩格斯批判的指出：杜林这种必要性说的是平衡富裕和贫穷的经济公社的需要，他用全国性的商业组织消除各个公社之间在产品上的竞争，却听任生产者竞争的安然存在。这样，杜林就把物置于竞争之外，使人服从于竞争，但这恰恰与他所主张的"公共权利"是对物的权利相矛盾。第三，杜林主张商业公社支配着统一体的整个土地、住宅和生产设备，这跟前面所说的每个公社支配自己的劳动资料又相矛盾。

最后，恩格斯总结说，只要稍加分析就会发现，经济公社的生产完全是依照以前的资本主义的样式进行的，只是由公社代替了资本家，仅有的进步也不过就是现在每个人能自由地选择职业并具有同等的劳动义务。

四、批判杜林错误的分工观点

恩格斯揭露杜林在分工问题上的错误观念。目前为止的一切生产都是以分工为基本形式进行的，一方面是社会内部的分工，另一方面是每个生产机构内部的分工。对于未来"共同社会"分工，杜林认为，按照事物的本性来说，城市和乡村的分离是不可避免的，但是，由于农业和工业之间已经存在着一定程度的连续过度，所以城市和乡村的对立又会因此弱化。例如，本该属于工业部门的酿酒业和甜菜制糖业现在已经侵入农业和农村经济中，而且除了这种技术上的必需，社会需要成为人类活动的分类标准时，不可避免地会发生农业和工业的联合生产。这些关于经济公社在分工问题上贫乏的和吞吞吐吐的老生常谈，就是杜林对未来和现在的城市和农村对立所能告诉我们的一切。在谈到共同社会的具体分工时，杜林提出，也会有根据生活方式而区分的人的经济变种，也就是说存在着应该专门投身于一种职业的人。对于目前为止的"错误的分工"，杜林指出，人们只要注意到能力和爱好，生产本身就不再具有为了获利而支配一切社会关系的特性，分工问题也就解决了。恩格斯总结的指出，杜林对未来社会分工的构想，并没有在现在社会的基础上有大的改变，在生产的范围内，一切都差不多是照旧不变的，并没有对资本主义的生产方式进行调整。

马克思从必然性和可能性两方面科学阐明了未来社会的分工问题：

第一，马克思阐明了消灭旧式分工和城乡分离的必然性。在生产自发地发展起来的一切社会中，不是生产者支配生产资料，而是生产资料支配着生产者。首先，大工业建立之前的分工，即城市和乡村的对立。农村人占有土地主要从事体力劳动，城市居民占有手艺主要从事手工生产，他们各自被自己专门的手艺奴役，这样就破坏了农村居民的精神发展的基础和城市居民的体力发展的基础。其次，发展到工场手工业时，分工达到了最高的发展。一种手艺不再由某些人完整地掌握，而是先被分为不同的工序，然后再被不同的人掌握某一工序，这样就将劳动者的一生束缚于一定的操作和一定的工具之上。劳动者只具有片面的生产技巧，不能按照自己的才能和兴趣选择职位，实际上"成为某种劳动的自动的工具"，而且，这种自动的工具是通过工人肉体和精神真正的畸形发展达到完善的程度。再次，到机器大工业时代，工人又从"自动的工具"降为机器的单纯附属品，而且不仅工人被机器奴役，"直接或间接剥削工人的阶级，也都因分工而被自己活动的工具所奴役；精神空虚的资产者为他自己的资本和利润欲所奴役；律师为他的僵化的法律观念所奴役，这种观念作为独立的力量支配着他；一切有教养的阶级都为各式各样的地方局限性和片面性所奴役，为他们自己的肉体上和精神上的近视所奴役，为他们的由于受专门教育和终身束缚于这一专业技能本身而造成的畸形发展所奴役"①。

恩格斯指出：空想社会主义者已经了解到分工既会造成工人的畸形发展，又会使劳动本身变为单调的机械的终身重复同一动作，而且，欧文和傅立叶还把消灭城市和乡村的对立作为消灭旧式分工的第一个基本条件。傅立叶认为，手艺和手工业在工业中起着重要作用，欧文则认为蒸汽机和机器在大工业起最主要作用，但他们两个人都主张劳动者应该在实践活动中得到全面发展，在农业和工业上尽可能多地调换工种，并且训练青年从事尽可能全面的技术活动。恩格斯评价说，傅立叶和欧文远远超过了杜林所承袭的剥削阶级的思维方式，即城市和乡村的对立按照事物的本性来说是不可避免的，因此要把城市和乡村的对立以及旧式分工永远保存下去。

第二，马克思分析消灭城市和乡村对立以及旧式分工的可能性。马克思主张：当社会成为生产资料的主人，社会就由生产资料支配人的现象转变为社会有计划的利用生产资料，旧的生产方式和旧式分工会被新的生产组织所替代，在这个组织中，"一方面，任何个人都不能把自己在生产劳动这个人类生存的自然条件中所应参加的部分推到别人身上；另一方面，生产劳动给每一个人提供全面发展和表现自己全部的即体力和脑力的能力的机会"②，这样，生产劳动就从一种负担变成一种快乐。而且，现在也有了实现这种新式分工的条件：其一，

---

①　恩格斯：《反杜林论》，人民出版社1970年版，第288页。

②　恩格斯：《反杜林论》，人民出版社1970年版，第289页。

当生产力发展到实现社会化时，资本主义生产方式就会被消除，由它引起的对生产发展的阻挠和破坏，对产品和生产资料的破坏就会被消灭，从而使劳动时间较现在大大减少；其二，大工业的本性决定了劳动的变换、职能的更动和工人的全面流动性，便于使人们摆脱机器附属品的身份，为消灭旧式分工提供了条件；其三，大工业的发展在很大程度上使工业生产摆脱了地方的界限，城市和乡村对立的消灭成为可能。例如，水力是受地方局限的，大工业产生的蒸汽力是自由的，这样，资本主义生产在城市和乡村都可以进行，但资本主义的应用使得它主要集中于城市。同时，工业生产会将纯净的水变为污水，这样又破坏了它自己活动的条件，于是工业资本家就不断地从城市迁往农村，不断地将工厂乡村变为工厂城市，城市和乡村对立的消除成为工业生产本身的直接需要，而且这种恶性循环只有消灭工业的资本主义性质才能得到消除；其四，资本主义工业的发展已经使生产摆脱了本身所需原料的地方局限性，不同的工业原料可以通过运输运往需要的地方。由于生产者懂得整个工业生产的科学基础，了解整整一系列的生产部门，因此，将会为社会创造新的生产力，而且这种新创造的生产力远远超过从比较远的地方运输原料或燃料所耗费的劳动。这就使大工业可以在全国尽可能平均的分布，为消灭城市和乡村的对立创造条件。

最后，恩格斯对杜林关于分工问题进行综合批判，认为杜林主张的都是幼稚的观念：无需从根本上变革旧的生产方式，而且无需废除旧的分工就可以实现生产资料的社会化；生产者只要注意到自然状况和个人能力，分工的问题就解决了，社会成为全部生产资料的主人后，每个人仍然是自己生产资料的，而且能够决定选择哪种生产资料；城市和乡村的差别是不可避免的，社会的需要使二者的结合会造成经济上的牺牲。恩格斯指出杜林并没有对资本主义生产方式提出任何谴责，对未来社会分工的构想也只是对旧式分工的维持，但是，消灭旧式分工和城乡对立进而变革生产方式的革命因素已经在现代大工业的生产条件中处于萌芽状态。

第五节 分 配

杜林的经济学割裂了生产和分配的关系，并从道德出发认为资本主义生产方式是好的，能够继续存在。对此，恩格斯在《反杜林论》中批判了杜林对共同社会分配模式的构想，批判了他对价值和货币的错误观念，阐明了马克思主义关于货币和价值的基本原理。

一、批判杜林对共同社会分配模式的构想

前面经济学部分我们已经看到，杜林的经济学割裂了生产和分配的关系，并从道德出发认为，资本主义生产方式是好的，能够继续存在，资本主义分配方式很坏，一定要消灭。但是通过上一章杜林对未来经济公社生产方式的描述，我们并没有看到他对资本主义生产方式有任何的谴责，仍然保持资本主义的旧的分工。

在这一章中，杜林以"普遍的公平原则"为基础，对"共同社会"的分配模式进行了构想：在经济公社以及包括许多经济公社的商业公社里，平等的消费权利和平等的生产义务相适应，劳动和劳动之间的交换按照平等估价的原则进行，这样就使贡献和报酬是真正相等的劳动量，而且，任何行动，只要花费了时间和力量，就属于劳动的支出；因为一切生产资料和一切产品都归集体所有，所以交换不会在

个人之间发生，只能是一方面每个经济公社和它各个社员之间相交换，另一方面各个经济公社和商业公社之间相交换，因此，整个公共社会仍然是一个交换组织，它的交换活动是通过贵金属提供的货币基础进行的。社会产品被用于交换前，经济公社会根据平均生产费用"给每类物品规定一个统一的价"。杜林说，"在公共社会中，价值的决定原则和尺度以及产品借以进行交换的比例的决定原则和尺度，不但没有丧失，而且第一次恰如其分地得到了"①；公社会在每日、每周或每月付给每个社员一定数量的货币，这个数目对于一切人来说都是一样的，作为他们的工作报酬。因为同等的工资和同等的物品价格，所以每个社员或者在消费的数量上是平等的，或者在消费的质量上是平等的。于是，"普遍的公平原则"就在经济上实现了；经济权利原则上的平等并不排除通过适当地添加消费表彰比较好的工作，这只是社会表示对自己的尊敬。杜林还认为，在这种分配模式下，即使个人拥有私人资料的剩余，人们向他取得这些剩余也会用平等交换或购买的方法，绝不会向他支付利息或利润，而且，即使遗产继承权也不能引起巨大的财富积累，更不会使人们完全过食利的生活，所以，"和平等原则相适应的遗产"是可以允许的。按照杜林的想法，实现了这种分配模式，资本主义分配方式就最终被消灭了，经济公社就顺利建成了。

恩格斯批判杜林分配模式中的"普遍的公平原则"。按照杜林主张的，价格和价值完全相符合，经济公社中每个社员每天的劳动量与所得的体现他劳动量的货币量相等，社会就没有比开始时富裕一些。例如，经济公社每个社员每天工作 6 小时，他们就会得到体现他们 6 小时工作量的货币量，比如 12 马克。而且价格与价值完全相符合，意

---

① 恩格斯：《反杜林论》，人民出版社 1970 年版，第 295 页。

味着价格仅仅包含原料费、机器耗损、劳动资料的消耗和所付的工资。一个拥有 100 个社员的经济公社，每天生产的商品总价值为 1200 马克，假设一年按 300 个工作日计算，一共生产价值 36 万马克的商品，而且公社把同样的数目付给社员。这样，劳动生产的所有价值又都以报酬的形式分给社员，对于公社来说，并没有财富的增加。此时，如果不动用生产资料的基金，就无法对比较好的工作适当地增添消费，财富的积累被遗忘了。而且，积累是社会的必需，如果公社不进行积累，那么只能直接要求社员进行私人的积累，这样就会出现贫富差距，从而导致公社的崩溃。

为了避免杜林的公社出现这种自身崩溃的情况，恩格斯想出了两个解决办法：其一，杜林可以借助自己的"课税"，提高商品的价格，把价值 36 万马克的商品按 48 万马克卖出。但是，一个经济公社没有财富的积累，其他公社也是如此，它们也都采取这种"课税"制度，这样一来，每个经济公社在和其他公社进行交换时都要偿付和自己额外所得相等的"赋税"，而且这些税金最后还是要分摊到自己社员身上。其二，公社的每个社员虽然每天工作 6 小时，但公社付给他们的报酬比他们在 6 小时生产的价值量低的货币量，也就是说不再付 12 马克，只付 8 马克，但是商品的价格还是按 12 马克，即按照资本主义的方式付给社员低于他们所生产的物品的价值。当社员从公社购买商品时按照全部的价值付钱，那么每年就会有 12 万马克的马克思所说的剩余价值，这样公社就有了后备基金，但在这种情况下，公社就直接公开地做了它在前一情况下隐蔽地转弯抹角地企图做的事情，即实行"实物工资制"，在这种制度下，工厂主自己开设店铺，强迫工人在这些店铺中购买商品。所以，要真正实现杜林口中"普遍的公平原则"，二者必居其一："或者是经济公社以等量劳动和等量劳动相交换，在这种情况下，能够积累基金来维持和扩大生产的，就不是公社，而是私人。或者是它要造成这种基金，在这种情况下，它就不能以等量劳动和等量劳动相交换。"[1]

恩格斯批判了杜林在"公共社会"交换内容上的错误观点，又转向了他的交换方式，并从两个方面对其进行了论述：

首先，恩格斯指出，尽管杜林的交换是通过金属货币进行的，但是在经济公社和它的社员之间的交换中，这种货币的实质是劳动券，执行的不是货币的职能，因此并不是固定的充当一般等价物的商品。例如，魏特林用来一面记下工作小时，另一面记下作为劳动代价的享受资料的"交易簿"，欧文的"工时货币"，甚至于戏票，都和它有相似的功能：标明已经完成的"生产义务"和由此获得的"消费权利"的尺度的证件，因此这种金属货币可以用一张废纸、一种筹码或一块硬币来代替，所以在经济公社和它的社员之间的交易中，金属货币执行的是劳动券的职能；在经济公社之间的交换中，金属货币就是完全多余的，它只需要有会计在实现等量劳动和等量劳动的交换时，用时间来计算劳动量就可以了，这比预先把工作时间转化为货币要简单的多。而且，公社之间进行的实际是纯粹实物的交换。如果一个公社在和另一个公社交换时出现了亏损，也只能靠增加自己劳动的办法弥补自己的亏损，并不能借助于金属货币，再次强调了这种金属货币在公社中不能实现它的天性。

其次，恩格斯揭露杜林在交换中使用金属货币的原因。杜林主张"公共社会"的交换是通过贵金属提供的货币基础进行的，因此，我们不得不为这种货币职能寻找别的活动舞台，而这样的舞台是存在着的。杜林只是主张等量消费的原则，但并没有规定每个人必须消费，而且在他的公社中，每个人可以自由的处理自己的金钱，因此，就有

---

[1] 恩格斯：《反杜林论》，人民出版社 1970 年版，第 298 页。

两种情况不可避免的发生：一是消费少的人有少数财富的积累，消费多的人工资不足以维持生活，而且杜林明确承认家庭的公共财产继承权，这样就进一步产生父母养育子女的义务，从而使等量消费有个巨大的裂痕，单身汉可以靠报酬生活得很好，有 5 个未成年小孩的单亲母亲靠工资仅仅维持生活。二是公社只接受用钱支付却不考虑钱的来历，于是有些人就不通过自己的劳动而是其他方式去获取这些钱。这样，不管是消费的裂痕还是避开劳动通过其他方式获得钱财的需要，贵金属就开始在公社中执行真正货币的职能。而且，这种对财富占有情况的不同，使货币需要者向货币贮藏者借债，借来的货币运用到公社中支付生活资料，从而又成为具有劳动券职能的货币，但是，货币贮藏者却能够迫使货币需要者向他支付利息，这样，在经济公社中，高利贷就和这种执行货币职能的金属货币一起恢复起来了。而且在经济公社所管辖的领域之外，尤其在世界市场上，金银仍然是世界货币、一般的购买手段和支付手段、财富的绝对的社会体现。因此，杜林"共同社会"和其他社会主义者的"模糊观念"是不同的，他的目的是使公社重新产生金融巨头。

最后，恩格斯对比了欧文的劳动券和杜林金属货币的不同：第一，欧文的"工时货币"是劳动券，要想滥用它，必须先把他变成真正的货币，而杜林的金属货币是真正的货币，但却要忽略它作为货币的天性去充当劳动券。而且，如果欧文把劳动券变成真正的货币，货币就会"努力"去实现自己的天性，这样就与他构想的社会主义社会越来越远，如果把杜林的金属货币作为劳动券的职能"滥用"，那么金属货币就真正的实现了自己的本性，杜林的公共社会就退回到资本主义社会。第二，欧文的劳动券只是向他想象的社会主义社会的一种过渡形式，体现人们对社会资源的完全占有和自由运用，如果将它废除，那么社会就向他的未来社会更进了一步，进入到比较完全的发展阶段。而如果也同样的废除杜林的金属货币，这样就与他构想的公共社会相违背，恩格斯说，它就立刻的消灭了自己的"人类历史意义"，不再成其为杜林的经济公社，而下降为模糊观念。

二、批判杜林对价值和货币概念的错误理解

恩格斯指出：杜林在经济公社中遇到的迷雾和混乱产生于他在头脑中对价值和货币概念的模糊观念，这种模糊观念驱使着他企图去发现劳动的价值，因此，有必要用马克思关于价值和货币的观点清理杜林的"乱线球"。

恩格斯指出，经济学上唯一的价值就是商品的价值。商品是私人的劳动产品，这些产品既能满足自己的需要，又能满足他人的需要，通过交换进入社会的消费。私人生产者的产品进入社会后，生产者们也彼此处于社会联系中，这样，产品就既是私人的产品又是社会的产品。因此，商品有两个属性：一是具有使用价值，体现在不仅能满足生产者本人的需要，而且能满足他人的需要；二是具有价值，体现在它们是私人劳动的产品，就必然是人的劳动产品，即一般人的劳动产品。私人产品对别人也有使用价值，因此能够进行交换；它是一般人的劳动产品，因此可以按照各自包含的劳动量进行比较，并被认为是相等或不相等的。而且，即使在相同的社会条件下，相同的私人产品被不同的人生产所包含的劳动量也有可能是不相等的，但都包含着等量的一般人的劳动。例如，甲铁匠打 1 个马掌所用的时间，乙能打 5 个，这样同样的时间包含的私人劳动量是不同的，在这里是 1 个和 5 个的区别，但是，在现有的社会正常的生产条件下，在社会平均的劳动熟练程度和劳动强度下，每个马掌的价值不是由不熟练的甲铁匠的劳动也不是由熟练的乙铁匠的劳动决定，而是由一般人的社会劳动决

定的，而且，私人劳动只有成为社会必需的劳动，才包含着一般人的劳动。

当一件私人物品通过交换进入到社会的消费时，它就是包含了社会劳动的产品。这件商品的价值由社会劳动决定，但商品的价值是通过另一种商品来表现的，例如一只表和一块布的价值都是50马克，也就是说这只表、这块布和这50马克的社会劳动已经被分别计算出来，并且是相等的量。这种计量的方法与通过计量劳动时间那种直接的、绝对的方法不同，是迂回地、相对地、通过交换来进行的，因为即使商品的社会劳动时间是确定的，由于我们不知道具体的工作小时的数目，所以还是不能直接用工作小时表现它的价值，只能是通过一个社会劳动时间跟它相等的商品来表现。

当商品生产和商品交换在采取这种迂回途径时，同时也希望社会能够尽可能地缩短这条途径，于是货币就产生了。货币是从一般商品中选出来的一种权威性的商品，其他一切商品的价值都可以由它来表示，它是社会劳动的直接体现，因此能够无条件地和一切商品相交换。此外，货币是发展了的商品价值，当货币产生之后，商品的价值就和商品本身相区别而在货币中独立存在，即整个商品世界就分化为两极：一极是各种各样的具体商品，它们分别代表不同的使用价值；一极是货币，它代表商品的价值，任何商品只有换成货币才能实现自己的价值。

恩格斯还指出，商品生产的经济学，绝不仅仅研究货币怎样表现商品的价值，还要进一步研究商品生产怎样把黄金提升为绝对的商品，提升为其他商品的一般等价物，提升为一切价值的尺度。这与化学上对氢的研究类似，把氢的原子量看作一，其他一切元素的原子量都表现为氢原子量的倍数，因而把氢看作化学上的货币商品。而且，恩格斯还强调，商品生产不是社会生产的唯一。例如在古印度的公社和南方斯拉夫人的家庭公社里，公社的成员为了生产结合成社会，共同劳动的产品直接供给社会成员消费，因此它排除了一切商品交换；在未来共产主义社会，生产资料实现社会化后，人们的劳动是直接的社会劳动，不再采用迂回的途径，日常的经验就可以直接确定产品的社会劳动时间，虽然社会仍然需要按照生产资料和劳动力来确定每一种消费产品的生产需要多少劳动，但因为生产产品的时间可以表现产品中所包含的劳动量，因此社会就不再需要规定产品的价值，也就意味着"不需要著名的价值插手其中"。

三、批判杜林企图用制造的"真正的价值"来实现"普遍的公平原则"的错误观念

恩格斯指出："价值概念是商品生产的经济条件的最一般、因而也是最广泛的表现。因此，在价值概念中，不仅包含了货币的萌芽，而且还包含了商品生产和商品交换的一切进一步发展了的形式的萌芽。"[1] 价值是私人产品中所凝结的社会劳动，生产某种商品的社会劳动和生产同种商品的私人劳动之间存在着差别：商品的价值由生产商品社会必要劳动时间来决定，一个私人生产者在社会的生产方式不断进步的时候，如果仍然采用旧的生产方式进行生产，那么个别劳动时间就会高于社会必要劳动时间，按照社会劳动时间决定的价值量出售，私人生产者就会在竞争中处于不利地位，不仅商品卖不出去，而且劳动耗费也得不到补偿；如果生产某种商品的全部私人生产者生产的商品超过了社会对它的需要，即供过于求、生产过剩，严重的甚至会导致经济危机；一件商品的价值要用另一件商品的价值来表现，而

---

① 恩格斯：《反杜林论》，人民出版社1970年版，第306页。

且只有当这件商品跟另一件商品相交换时才能实现，这期间有可能交换不成立，也有可能商品的真正价值得不到实现；当劳动力商品出现时，他的价值跟其他商品的价值一样都是由社会必要劳动决定的，即维持自身和家人所必需的生活资料的价值决定。从这一系列的现象我们可以看出，商品的价值形式中包含着资本主义生产方式、资本家和雇佣工人的对立、产业后备军和危机的萌芽。恩格斯揭露杜林企图"真正的价值"的办法来消灭资本主义，这等于用制造的"真正的"教皇的办法消灭天主教，用生产者被他们自己的产品所奴役的办法，建立生产者支配自己产品的社会。

当商品的价值形式发展到货币形式时，隐藏在价值中的各种萌芽就产生了，其中最先和最重要的表现是商品形式的普遍化。原本被人们生产仅供自己消费的物品，由于货币能表现出它们的价值，所以它们也以商品的形式开始进行交换。商品的形式和货币还把那些为了共同生产而结合起来的社会组织逐渐分解为私有生产者，例如：在古印度，货币使个人的耕种代替了公社的耕种；以货币为标准的最终分割代替了定期重分的耕地公有制；货币还促成了对公有森林和牧场的分配，这样，除去生产发展的原因，货币的入侵使得整个公社最终瓦解。杜林的经济公社保留了货币，因此它最终也会必然的不顾"法律和行政规范"使公社解体。

恩格斯批判杜林"工人应当获得全部劳动所得"的观点。劳动不仅能生产产品，还能生产价值，商品的价值是由劳动时间来计量的，因此劳动没有价值，杜林谈论劳动的价值是自相矛盾的，实际上就是谈论价值的价值，这和我们不去称量有重量的物体的重量，而去追究重量本身有多重是一个道理。那些和杜林一样胡乱思考"真正价值"的人认为，目前的社会没有使工人获得他们劳动的全部"价值"，因此要通过研究劳动的价值来矫正这种现象。他们忽略了衡量劳动的真正尺度，用劳动产品替代了劳动时间，所有发现了"劳动的价值"。要使工人获得全部的劳动所得，因此不仅产品之间可以互相交换，劳动也可以和产品交换，即一个工作小时可以和一个工作小时生产的产品交换，这样社会生产的全部产品就可以完全被工人占有。但是，由于社会产品没有剩余和积累，这样社会就没有进步的可能，而且个人占有并且自由支配"所得"，仍然还是会出现当前社会中的贫富差距。因此，在杜林他们看来，生产资料社会化的目的是使生产资料重新被个人占有，这显然是矛盾的。

恩格斯进一步指出，作为活劳动的劳动力是商品，具有使用价值和价值两种属性，劳动力商品的价值是由它体现的社会劳动来决定的，即目前的工资规律。恩格斯批判杜林的观点，即认为劳动力可以和它的全部产品想交换的观点，认为这种观点与价值规律相矛盾。按照杜林的观点，商品交换不应该是价值之间相交换，而应该是使用价值之间的交换；这样，价值规律只是适用于劳动力之外的其他一切商品。因此，杜林在事实上把自己提出的劳动价值论给否定了，隐藏在劳动价值背后的，正是这种自己消灭自己的混乱观念。

杜林提出：在经济公社中，劳动和劳动根据平等估价的原则相交换，即等量社会劳动的产品可以互相交换的原则。价值规律是指商品的价值量是由生产商品的社会必要劳动时间决定，商品交换以价值量为基础，按照等价交换的原则进行。杜林的观点与价值规律主张的等价交换是一致的。而价值规律是商品生产的基本规律，资本主义生产又是商品生产的最高形式，因此，价值规律就是资本主义生产的基本规律。恩格斯批判指出：杜林和蒲鲁东一样，都想要现在的社会，但不要它的弊端，可是他们又都坚持现存社会的基本规律，而社会的弊端正是由这种规律自发作用的结果，因此，都是以幻想的结果来消灭价值规律的现实结果。

第六节　国家、家庭、教育

在《反杜林论》的最后，恩格斯还批判了杜林关于国家、宗教、家庭、教育、婚姻和生育等问题的错误观点，揭露杜林的社会主义实际上是"特殊普鲁士的社会主义"，并阐明了马克思关于这些问题的基本观点。

一、批判杜林的国家观

恩格斯指出，杜林的国家观抄袭了卢梭和黑格尔的国家观。首先，"个人的主权"构成杜林未来国家的基础，它是对卢梭观点的抄袭。杜林认为"个人的主权"在大多数情况下不能被压制，因此应该在共同社会达到全盛状态。为了维护"个人的主权"，杜林提出了"真正权利的东西"，即人与人之间要在一切方面订立协议，这些协议彼此相互帮助的反对各种不正当的侵害，这样维护权力的力量就加强了，而如果仅仅靠着多数对个人或多数对少数的优势就实现不了真正权利的东西。这是杜林对卢梭"主权在民"观点的抄袭，卢梭认为："国家是自由的人民自由协议的产物；人们所以订立契约暂时地转让自己的自由，组成国家，只是为了自己的利益；国家是个人力量的结合体，代表公意，国家的主权属于人民。"[①] 杜林把卢梭的"主权在民"称为"个人的主权"，一方面是为了掩饰自己的抄袭，另一方面是因为：卢

---

① 《〈反杜林论〉释注》，山东人民出版社1982年版，第291～292页。

梭的"主权在民"说法具有革命性，不包括君主；而"个人的主权"既包括平民，也包括君主，是在整个国家范围内的所有个人。其次，杜林提出，国家只要是"真正地为自然的正义服务"，那么单独的个人就要被迫绝对地服从国家；为了维护这种国家的权力，还要设立"立法和司法"，同时，这种立法和司法的权力必须归国家所有；要有防卫的联合，表现为在军队里面或者保证内部安全的执行机关里面的共同行动。这一点是抄袭了黑格尔的观点，黑格尔认为："国家是在地上的精神，神自身在地上的进行，就是国家，臣民必须绝对服从它，如果不服从，个人就没有真理也不道德，就不成为一个人"①，黑格尔的观点是为普鲁士国家服务的。再次，按照杜林的观点，未来社会的国家拥有军队、警察和宪兵，它们是暴力机关和执行暴力的人员。因此，杜林构建的国家观仍然需要靠强制性或暴力手段来维持。而且，在国家里，宪兵侵犯有主权的个人时，个人要有一种安慰，按自己的情况从自由社会方面遇到的公平或不公平，绝不会比处于自然状态所带来的更坏些，换句话说，虽然个人被迫加入到国家是以国家维护正当的事情为前提的，但是并不能排除加入国家后没有不正当的事情发生。

马克思认为，"国家是社会发展到一定历史阶段的产物，它的实质是一个阶级统治另一个阶级的工具，是经济上占统治地位的阶级为维护其根本利益而建立起来的强制性的暴力机关，以保证其在政治上也成为统治阶级。国家是一种具有政治统治和社会管理职能的有组织的力量：作为政治统治即阶级统治，国家是为自己的经济基础服务的；但政治统治到处都是以执行某种社会职能为基础，而且政治统治只有在它执行了它的这种社会职能时才能持续下去"②。而且，到共产主义

---

① 《〈反杜林论〉释注》，山东人民出版社1982年版，第292页。
② 《马克思主义基本原理概论》，高等教育出版社2010年版，第106页。

社会，国家将消亡，作为阶级压迫工具的军队、警察、监狱等失去作用。"国家的消亡是指政治国家的消亡，是作为阶级压迫工具的国家机器的消亡，它并不是社会组织管理机构的消亡。共产主义社会中，在没有阶级和国家的情况下，仍然需要有一定的社会机构来对社会进行组织和管理。但这种社会组织管理机构只具有人们自我管理的性质，而不再具有政治压迫和暴力镇压的功能。"①

二、批判杜林的宗教观

恩格斯首先用马克思的宗教观论证了宗教产生的发展历程。马克思主张：宗教是支配人们日常生活的外部力量在人们头脑中的幻想的反映，它在本质上是一种"颠倒的世界观"，是由对神灵的信仰和崇拜来支配人们命运的一种意识形式。在历史发展的初期，由于生产力水平极端低下和缺乏科学知识，以及人们对自然的无知和恐惧，各种形式的宗教观念就这样产生了。除了这种自然力量外，社会力量也对宗教的产生起着重要作用。当人们进入剥削社会，阶级剥削和压迫给劳动人民带来苦难而人们又不能科学地解释这些社会现象，这种阶级压迫对人来说也是种异己的力量，它跟自然力量都采取自然必然性的形式支配着人，最初仅仅反映自然界的神秘力量的幻想，现在又获得了社会的属性，成为历史力量的代表者。随着社会历史的进一步发展，各种神的自然属性和社会属性都转移到一个从人的反映中抽象出来的万能的神身上，于是就产生了一神教，而且，只要人们还处在异己的自然和社会力量的支配下，宗教就会存在并起作用。资本主义社会中，人们受自己创造的经济关系和自己生产的生产资料的支配，既不能制

---

① 《马克思主义基本原理概论》，高等教育出版社 2010 年版，第 258 页。

止资本主义世界经济危机的爆发，又不能使资本家避免损失、负债和破产，或者工人避免失业和贫困，因此资本主义社会仍然存在着各种异己力量，人们总结为：谋事在人，成事在神。到共产主义社会，社会占有全部生产资料并有计划地使用生产资料，社会以及一切社会成员都摆脱了各种异己力量的奴役，从谋事在人，成事在神转变为谋事在人，成事也在人。这样，在宗教中反映出来的异己力量就消失了，由于没有什么东西可以反映了，所以宗教也随之消失。

杜林不承认宗教随着社会历史的发展自然消失，而是主张，消灭宗教首先需要有社会的行动，因此他反对天主教以及一切宗教，并唆使他的宪兵进攻宗教，为教徒创造殉教的机会，延长宗教的生命期。杜林对待宗教的态度比俾斯麦有过之无不及，因此，无论我们向什么地方看，总是看到特殊普鲁士的社会主义。

三、批判杜林的家庭观

杜林认为未来社会的家庭既是教养儿童的单位，又是"继承遗产"的单位。在教养儿童方面，杜林指出：人在未成年时期处于母亲的保护之下，当比较大的未受教育的少年不十分尊重母亲时，父亲的社会教育措施就会消除这种缺点，而且，如果存在无可争辩的真正的父权关系，当儿童在青春期后就要接受"父亲的自然监护"，不然公社就会指定监护人。在"继承遗产"方面，杜林认为在未来社会存在着拥有财产的单位，家庭拥有的财产最终以遗产继承的方式属于子女。

恩格斯对杜林的家庭观进行了批判：首先，恩格斯指出，杜林认为不需要改造生产就可以用社会的生产方式直接代替资本主义的生产方式，现在他又把这种方法运用到家庭观念中，把资本主义的家庭观与资本主义发展的经济基础分隔开，直接将资本主义的家庭观运用到未来社会，从而暴露了他在家庭观问题上的历史唯心主义观点。马克思则是从历史唯物主义的观点出发，强调大工业的发展为家庭和两性关系的更高级形式创造了新的经济基础。其次，杜林认为，在家庭中，父母要分别在子女不同成长阶段的教育中承担起监护人的责任。恩格斯批判说，杜林的观点远不如空想社会主义者的观点高明，空想社会主义者看来，人们自由结成社会并从事共同劳动，所以青年的教育问题也将成为社会化的教育而不再以家庭为单位进行，家庭成员之间是真正自由的关系。

四、批判杜林的教育观，论述教育应该和生产劳动相结合

杜林非常关注未来学校，并为过渡时期和未来社会的学校制订了学校计划和大学计划。恩格斯首先批判了杜林的课程安排。杜林认为，国民学校应该以能够引起人们兴趣的东西，特别是涉及世界观和人生观的科学的基础和主要结论为教学内容，所以要把数学上的一切原则概念和方法"全部教完"，即在学校里教授综合数学的崭新的要素，而至于综合数学的要素是什么，杜林并没有发现，而且把他不能确定的数学要素推给未来新社会，主张也应该由新社会制度的自由和增长的力量来做；未来的天文学、力学、物理学的困难少，因此杜林把它当作学校教学的核心；杜林把植物学和动物学看作是"一种轻松的谈话资料"，恩格斯批判地指出，杜林没有注意到生物学的迅速发展，而只是用幼稚的感觉来看待生物学，甚至于对包括有机界的比较解剖学、胚胎学和古生物学在内的全部有机形态学的名称都不知道；课程安排还完全忘记了化学；在美学方面，杜林采取虚无主义的观点，对以前惯用"神话式的或其他宗教式的剪裁"的诗都否定，一切重新做

起；语言学方面，恩格斯批判杜林主张的"真正有益的语言教育"要从技术语法中找到，而把现代的历史的语法从教育学计划上勾掉，由此导致杜林的语言学都是古老的观点，没有涉及到成功发展起来的新观点；而且杜林一方面说外国语仍然是次要的东西，另一方面又强调"最根本的思想，在新社会的普遍教育体系中不应当起次要的作用"①。

恩格斯指出，通过分析我们可以看出，杜林未来的国民学校实际是稍微"高贵"一些的普鲁士中等学校。杜林还抄袭了社会主义的观点，认为未来社会劳动和教育应该相结合，从而保证技术训练和科学教育的实践基础，但由于他把资本主义生产方式照搬进共同社会，所以教育的实践基础并没有在旧式分工中得到实际运用，不会对生产有任何意义。马克思指出："未来教育对所有已满一定年龄的儿童来说，就是生产劳动同智育和体育相结合，它不仅是提高社会生产的一种方法，而且是早就全面发展的人的唯一方法"②。

五、批判杜林关于婚姻和生育问题上的错误观点

恩格斯首先批判杜林把人分为劣等人和优等人，并把区分的标准定义在两性的结合和选择上。在结婚和生育时，为了避免新生儿是劣等人，在性的结合时要选择优等人，同时采用怀孕时的"预防办法"或生育时的"选择的办法"。其次，恩格斯借用《魔笛》的故事指出，在杜林的未来社会中，两个人要想进入"道德的自由的婚姻"状态之前必须要对他们进行可怕的考验，但是杜林又说："有益的性结合方面具有更高的、真正人的动机时……性冲动——其强烈的表现是热

---

① 恩格斯：《反杜林论》，人民出版社 1970 年版，第 317 页。
② 恩格斯：《反杜林论》，人民出版社 1970 年版，第 317～318 页。

恋"，"任何强迫都必定要发生有害的影响"①。杜林既要在别人进入婚姻状况前对其进行可怕的考验，又主张在两个人的和谐关系中任何强迫都是有害的，从而在未来社会的婚姻问题上陷入矛盾。

最后，恩格斯对全书做了概括的总结："在我们不得不讨论各个争论之点的时候，我们的判断总是和客观的无可置疑的事实相联系的；根据这些事实得出的结论，常常不免是尖锐的、甚至无情的。"②恩格斯把杜林在哲学、经济学和社会主义理论中许多无法理解的科学上的谬误和武断归结为杜林个人的原因，是"无责任能力来自夸大狂"。

---

①　恩格斯：《反杜林论》，人民出版社 1970 年版，第 320 页。

②　恩格斯：《反杜林论》，人民出版社 1970 年版，第 321 页。

后 记

为了能对《反杜林论》中马克思主义的基本原理做全面科学的阐述，本书严格按照人民出版社 1970 年出版的单行本的结构，对不同章节中马克思主义和杜林在同一问题上的不同看法有比较地进行论述，并分析了它们的科学性和缺陷，尽可能做到科学性和条理性，以适应青少年的阅读特点。

在本书的写作过程中，由于自身的学术积累和研究深度的局限，遇到诸多困惑之处，但有幸得到导师罗克全教授的指导和帮助，使我对这本书的整体脉络和具体问题都有了清晰透彻的理解和把握，而且导师高尚正直的品德和严谨不拘的治学态度，使我终身受益，愿借这本书表达我对导师最衷心的感谢和最真挚的祝福。

此外，为了能够更全面的理解《反杜林论》中的观点，我参阅了大量有关的文章和材料，并吸取了一些有价值的思想，在此特别向《〈反杜林论〉哲学编讲义》和《〈反杜林论〉释注》的作者致以深深的谢意。

这本书虽然经过我个人的多次修改，但由于时间仓促，仍然不可避免地存在着缺点和错误，恳请读者批评指正。